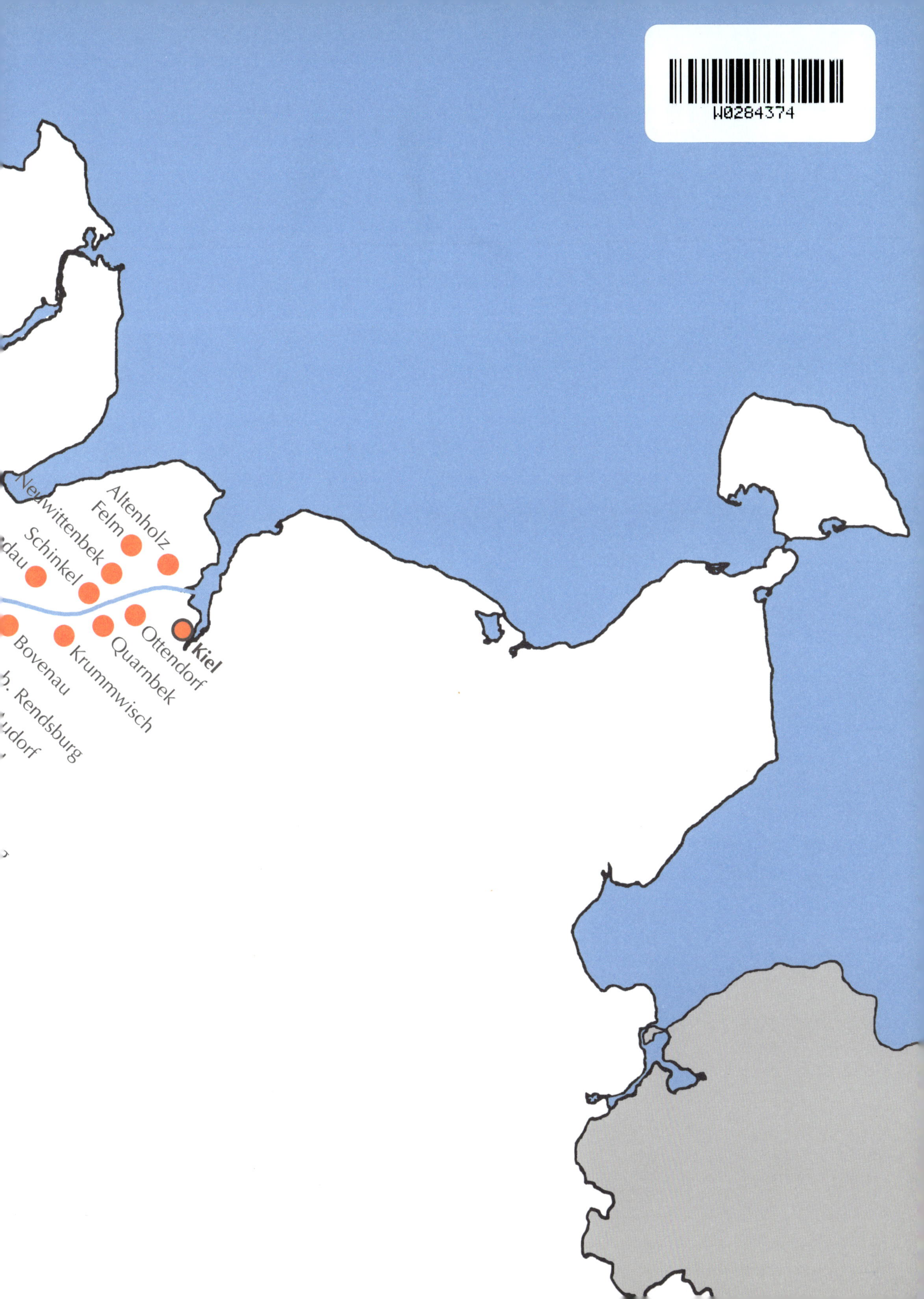
Altenholz
Felm
Neuwittenbek
Schinkel
Ottendorf
Kiel
Quarnbek
Krummwisch
Bovenau

W0284374

Kulturlandschaft Nord-Ostsee-Kanal

Kulturlandschaft Nord-Ostsee-Kanal

Martin Becker
Gert Kaster

Herausgeber

Stadt Rendsburg
und
Schleswig-Holsteinischer Heimatbund

Wachholtz

Die Drucklegung des Buches wurde gefördert von:

BINGO! Die Umwelt Lotterie

IB Investitionsbank Schleswig-Holstein

Denk Mal! Schleswig Holstein

AHLMANN ZERSSEN

SARTORI & BERGER

UCA UNITED CANAL AGENCY GmbH

Sparkassenstiftung Schleswig-Holstein

GUT ROSENKRANTZ

Akademie für die Ländlichen Räume Schleswig-Holsteins e.V.

Wir danken der Landesregierung Schleswig-Holsteins und der Provinzial Versicherungen für die Unterstützung der Drucklegung.

Topographische Karte 1 : 100 000 verfielfältigt mit Genehmigung des Landesvermessungsamtes Schleswig-Holstein vom 12.03.2003 1-562.6 S 79/03

Vervielfältigung der Kartengrundlage mit Genehmigung des Deutschen Militärgeographischen Dienstes (DMG) – Lizenz B-3A003.

Alle Rechte, auch die des auszugsweisen Nachdrucks, insbesondere für Vervielfältigungen, der Einspeicherung und Verarbeitung in elektronischen Systemen sowie der photomechanischen Wiedergabe und Übersetzung vorbehalten.

ISBN 3-529-02527-5

Wachholtz Verlag Neumünster 2003

INHALT

Vorwort

Entlang des Nord-Ostsee-Kanals haben sich 47 Gemeinden und Städte in einer Ländlichen Struktur- und Entwicklungsanalyse – kurz LSE NOK – zusammengetan, um gemeinsam die Attraktivität der Kanalregion gerade auch in touristischer Sicht zu verbessern.

Ziel der LSE NOK ist es, neben der Ost- und Nordseeküste einen weiteren, attraktiven Raum für Erholungssuchende und Tagesausflügler zu schaffen. Der Nord-Ostsee-Kanal als meistbefahrene künstliche Wasserstraße der Welt, der Eiderkanal, die Eider, abwechslungsreiche landschaftliche Besonderheiten aber auch kulturhistorische Höhepunkte u.a. die Rendsburger Eisenbahn-Hochbrücke mit Schwebefähre, die Schleusenanlagen, bedeutende Gutsanlagen, original erhaltene Ortskerne und alte Dorfkirchen prägen die Kanalregion.

Im Rahmen der LSE NOK wurde Architekt Dipl.-Ing. Martin Becker mit der Bearbeitung eines Sondergutachtens „Denkmale und historische Kulturlandschaft Nord-Ostsee-Kanal“ beauftragt. Es entstand ein hochwertiges Gutachten mit sehr ausführlichem Dokumentationsmaterial.

Das Buch „Kulturlandschaft Nord-Ostsee-Kanal“ aus dem hervorragenden Grundlagenmaterial zu entwickeln, war konsequent und folgerichtig. Wir sind sicher, dass dieses Buch sowohl Kulturinteressierte als auch Urlauber und Tagesgäste ansprechen wird, die in der Kanalregion die Sehenswürdigkeiten genauer betrachten und sich darüber informieren wollen.

Deshalb hat sich die Stadt Rendsburg gern dafür entschieden, gemeinsam mit dem Schleswig-Holsteinischen Heimatbund das Buch herauszugeben. Wir danken allen Beteiligten, den Sponsoren, dem Wachholtz Verlag, der Landesregierung und insbesondere den Autoren Martin Becker und Dr.-Ing. Gert Kaster.

Den Lesern wünschen wir eine gute und informative „Lesereise“ durch die Kulturlandschaft Nord-Ostsee-Kanal.

Andreas Breitner
Bürgermeister
der Stadt Rendsburg

Jochen von Allwörden
Vorsitzender
der LSE Nord-Ostsee-Kanal

Vorwort

Kaum ein Bauwerk hat so nachhaltig die Landschaften Schleswig-Holsteins und die Kontur des Landes geprägt wie der Nord-Ostsee-Kanal. Der charakteristische klare Verlauf von Südwesten (Brunsbüttel) nach Nordosten (Kiel) ist Einwohnern und Touristen als Kartenlinie, ja, als Bild deutlich. Der Kanal trennt Landschaften in einen nördlichen und einen südlichen Teil. Auf allen Wegen in nordsüdlicher und umgekehrter Richtung stößt man auf die breite Wasserstraße, auf der ein reger Verkehr von kleinen bis zu sehr großen Schiffen herrscht. Zum Teil verläuft der Kanal auf der Grenze zwischen den historischen Landesteilen Schleswig und Holstein. Viele Schleswig-Holsteiner sehen im Nord-Ostsee-Kanal sogar eine Wetterscheide; so deutlich hat dieses etwas über hundert Jahre alte Bauwerk Vorstellungen über das Land Schleswig-Holstein beeinflußt.

Verbunden werden die durch den Kanal getrennten Verkehrsverbindungen mittels vieler Fähren, die gern von Einheimischen und Touristen genutzt werden, darunter auch das seltene Exemplar einer Schwebefähre unter der Eisenbahnhochbrücke bei Rendsburg. Überhaupt gibt es in Schleswig-Holstein keine Talbrücken, sondern ganz unterschiedliche Straßen- und Eisenbahnbrücken sind als Hochbrücken in eine meist flache Landschaft gebaut und ziehen als beeindruckende und abwechslungsreiche Bauwerke die Blicke schon von weitem auf sich. Dies gilt natürlich besonders für die erwähnte Rendsburger Hochbrücke mit ihrer kilometerlangen Anfahrtsschleife.

Vom Kanal aus – vielleicht von einem der Kreuzfahrtschiffe - genießt man eine Folge von vorbeiziehenden Landschaften – von der Marsch über die Geest bis ins östliche Hügelland. Es eröffnen sich immer wieder schöne lohnende Bilder auf Orte und auf die abwechslungsreiche Natur entlang dem künstlichen Wasserweg und entlang einem Querschnitt durch Schleswig-Holstein. Doch auch auf dem Landweg zu beiden Seiten des Kanals kann man die umgebenden Orte mit ihren Kultur- und Naturschönheiten, mit ihren Denkmälern, Häusern und historisch bedeutsamen Orten besuchen. Es hat seinen besonderen Reiz, dabei immer den Kanal als Orientierungslinie und als Landschaftsbestandteil vor Augen zu haben.

Carl Ingwer Johannsen
Schleswig-Holsteinischer Heimatbund

Kulturlandschaft Nord-Ostsee-Kanal

Schleswig-Holstein, das Land zwischen Nord- und Ostsee, bildet die einzige feste Landverbindung zwischen Mitteleuropa und Skandinavien. Es übernahm deshalb bereits in vorgeschichtlicher Zeit eine Brückenfunktion im nordeuropäischen Handel und erlebte in geschichtlicher Zeit die Wanderungsbewegungen, die sich während der Völkerwanderung über ganz Europa zogen. Die topographische Gestalt des Landes begünstigte diese Verbindungsfunktionen, denn zwischen dem östlichen Hügelland und dem westlichen Marschland, die beide wegen ihrer Geographie nicht für nordsüdliche Verkehrswege geeignet waren, erstreckt sich der nur leicht gewellte Geestrücken, der wegen seiner sandigen Böden nicht sonderlich fruchtbar war und sich eher für die Einrichtung von überregionalen Handelswegen eignete. Über die schleswig-holsteinische Geest führte denn auch der sogenannte Heer- oder Ochsenweg von Jütland bis zur Elbe und diente dem Rindertransport aus Skandinavien nach Mitteleuropa. Der Ochsenweg hat sich außerhalb heutiger Siedlungen teilweise original erhalten und ist innerhalb der Ortschaften noch in zahlreichen Straßen- und Wegenamen nachweisbar.

Für die quer verlaufenden Handelswege von Osten nach Westen und umgekehrt bildete Schleswig-Holstein schon in vorgeschichtlicher Zeit ein schwer zu überwindendes Hindernis, obwohl die tief in die Ostseeküste eingeschnittenen Förden und Meeresbuchten gute Voraussetzungen für ostwestliche Handelswege bildeten. Im mittleren Landesteil, wo sich schiffbare Wasserflächen aus östlicher und westlicher Richtung sehr nahe kommen, ist dann auch der erste bedeutende Handelsplatz entstanden, der sich um die Jahrtausendwende zur ersten Stadt in Schleswig-Holstein entwickelte. Haithabu lag genau am Kreuzungspunkt des nordsüdlichen Ochsenweges mit dem ostwestlichen Schifffahrtsweg auf Schlei und Treene, der nur durch die schmale Landbrücke zwischen Schleswig und Hollingstedt unterbrochen war. Da die Handelswaren am Ende des Schifffahrtsweges auf Landtransportmittel umgeladen werden mussten, eigneten sich diese Umschlagsorte auch besonders gut als Handelsorte. Haithabu besaß den zusätzlichen Vorteil, dass seegängige Handelsschiffe direkt bis an das Siedlungsufer fahren und dort ihre Waren entladen konnten. Aber erst die allmähliche Verlagerung des Siedlungsplatzes Haithabu am südlichen Schleiufer zur Siedlung Schleswig am gegenüberliegenden Ufer begünstigte die Weiterentwicklung städtischer Strukturen und führte im 11. Jahrhundert zur ersten Stadtgründung im Lande.

Der ostwestliche Handelsweg über Schlei und Treene konnte die Anforderungen an den Ostseehandel schon zu Zeiten der Hanse nicht mehr befriedigen und so gab es seit dem Mittelalter immer wieder Bestrebungen, einen vollwertigen Schifffahrtsweg quer durch das Land von der Ostsee zur Nordsee zu bauen. Die erste indirekte Schiffsverbindung zwischen Nordsee und Ostsee wurde 1398 mit dem Stecknitz-Kanal zwischen der Elbe bei Lauenburg und Lübeck hergestellt, doch dieser Kanal besaß nur eine Wassertiefe von 1,5 m und war vorrangig für den Transport des Lüneburger Salzes bestimmt, mit dessen Handel die Stadt Lübeck ihre Vormachtstellung im Ostseeraum begründete. Der Schiffsverkehr auf dem Stecknitz-Kanal wurde erst 1896 eingestellt, als der Bau des Elbe-Lübeck-Kanals (1895-1900) begonnen hatte.

Der zweite künstliche Schifffahrtsweg von der Nordsee zur Ostsee, der Alster-Trave-Kanal, den die beiden Hansestädte Hamburg und Lübeck bereits 1448 beschlossen, um den Warenaustausch zwischen den Städten zu erleichtern, der aber nach anfänglichen Bauschwierigkeiten erst 1525-1529 vollendet wurde, erwies sich als nicht so erfolgreich und langlebig wie der Stecknitz-Kanal. Der Alster-Trave-Kanal litt unter Wassermangel, da es nicht genügend natürliche Zuflüsse gab, die einen kontinuierlichen Kanalpegel und regelmäßige Schleusenvorgänge gewährleisteten. Deshalb wurde die durchgehende Kanalfahrt bereits 1550 wieder eingestellt und der Kanal nur noch in Teilabschnitten bis Anfang des 17. Jahrhunderts genutzt. Sicherlich hängt die kurze Lebensdauer des Alster-Trave-Kanals auch mit den veränderten Handelswegen zusammen, die sich nach der Entdeckung Amerikas von der Ostsee stärker an die westeuropäischen Küsten verlagerten und zum allmählichen Niedergang des Lübecker Ostseehandels führten.

Nachdem sich 1773 die beiden Herzogtümer Schleswig und Holstein im dänischen Gesamtstaat erstmals vereinigt hatten, waren nicht nur die wirtschaftlichen, sondern vor allem auch die politischen Voraussetzungen gegeben, um eine künstliche Wasserstraße weiter nördlich im Lande zu verwirklichen. Frühere Kanalprojekte scheiterten häufig nicht nur an den technischen Schwierigkeiten oder den finanziellen Möglichkeiten, sondern auch an Gebietsstreitigkeiten und Zollrechten, die teilweise sogar zu Auseinandersetzungen vor dem Reichskammergericht führten.

Da die schleswig-holsteinische Ostseeküste tiefe Förden und Meeresbuchten besitzt und die meisten schiffbaren Flüsse von Osten nach Westen fließen und in die Nordsee münden, gibt es mehrere Stellen im Lande, die nur eine schmale Landbrücke zwischen den beiden Wassereinzugsgebieten aufweisen und sich mit einer künstlichen Wasserstraße verbinden lassen. Die schmalste Landbrücke befindet sich auf Kieler Stadtgebiet. Die Eider nähert sich bei Schulensee bis auf 3 km dem südlichen Fördeende, bevor sie sich nach Westen wendet und über Westensee und Flemhuder See in Richtung Rendsburg und Nordsee fließt. Ein dort ergrabener Kanal hätte aber ein bis zu 50 m hohes Hügelgebiet durchstoßen müssen, eine für damalige Verhältnisse zu große technische Herausforderung. Deshalb ist ein Kanal an dieser Stelle nie geplant oder gebaut worden.

Die Landbrücke zwischen der Schlei und der Treene bei Hollingstedt ist 15 km breit. Aber auch hier bildeten die bis zu 25 m hohen Hügel westlich von Haithabu ein nahezu unüberwindliches Hindernis für eine künstliche Wasserstraße, zumal dort auch keine natürlichen Zuflüsse vorhanden waren, die ein erforderliches Schleusensystem mit den notwendigen Wassermassen hätten speisen können. Weitere Kanalbauprojekte von Tondern nach Flensburg, von Husum nach Schleswig, von Kiel über die Schwentine, den Großen Plöner See, den Eutiner See, Bad Segeberg und die Alster bis nach Hamburg sowie von Husum nach Eckernförde kamen über die Planungsphase nicht hinaus, weil die Verwirklichung dieser Pläne an topographischen, technischen oder finanziellen Problemen scheiterte.

So blieb als einzige Stelle für die Anlage eines Kanals zwischen Ostsee und Nordsee nur die 12 km breite Landbrücke zwischen der Kieler Förde und der Eider nördlich des Flemhuder Sees übrig, weil man die Wasserläufe der Levensau und der Eider nutzen konnte, die Hügellandschaft dort geringere Erhebungen aufwies und der Flemhuder See genügend Wasser lieferte, um ein Schleusensystem betreiben zu können. Denn trotz der geringen Höhenunterschiede musste der Pegel des Kanals in drei Staustufen von je 2,6 m Höhe bis auf 7,8 m angehoben werden, um den niedrigen Hügelrücken zu überwinden, große Erdbewegungen zu vermeiden und das Niveau des Flemhuder Sees zu erreichen. Die drei Staustufen in westliche Richtung konnten etwas niedriger ausgebildet werden, weil die Eider bei Rendsburg noch nicht das Meeresspiegelniveau erreicht hatte und die Nordsee außerdem wegen der Gezeiten wechselnde Wasserstände aufwies.

Der Kanalbau zwischen Holtenau und Rendsburg war nur der erste Abschnitt der geplanten künstlichen Wasserstraße zwischen Ostsee und Nordsee. Der zweite Abschnitt sollte von Rendsburg über Untereider und Stör bis in die Nordsee gebaut werden, um mit gleich großen Schiffen den ganzen Kanal befahren zu können.

Als der Kanalbau 1777 begann, waren die ersten Pläne zum Bau einer künstlichen Wasserstraße genau an dieser Stelle bereits über 200 Jahre alt. Herzog Adolf von Schleswig-Holstein-Gottorf erbat 1571 von Kaiser Maximilian II. die Zustimmung zum Bau eines Kanals von der Kieler Förde bis zur Eider, um die gefährliche Schifffahrt um das Kap Skagen umgehen zu können. Herzog Adolf brauchte für seinen Plan die kaiserliche Zustimmung, da mit Widerständen seitens der freien

Reichs- und Hansestadt Lübeck sowie der Herzöge von Pommern wegen einer Beeinträchtigung des Warenverkehrs auf dem Stecknitz-Kanal zu rechnen war. Vermutlich ist die Verwirklichung des Planes damals auch an diesen Widerständen gescheitert. Dieser Kanalplan wurde ein halbes Jahrhundert später von Herzog Friedrich III. von Schleswig-Holstein-Gottorf erneut aufgegriffen und in das Projekt des geplanten Ostindienhandels über Persien und Russland sowie Kiel und Friedrichstadt eingebunden. Als westliches Ende des Kanals war die von ihm 1621 gegründete Stadt Friedrichstadt vorgesehen und am östlichen Ende die Stadt Kiel mit einem eigens hierfür erbauten Packhaus, aus dessen Material später, nachdem das Projekt gescheitert war, die „Persianischen Häuser" am Kieler Marktplatz erneuert wurden.

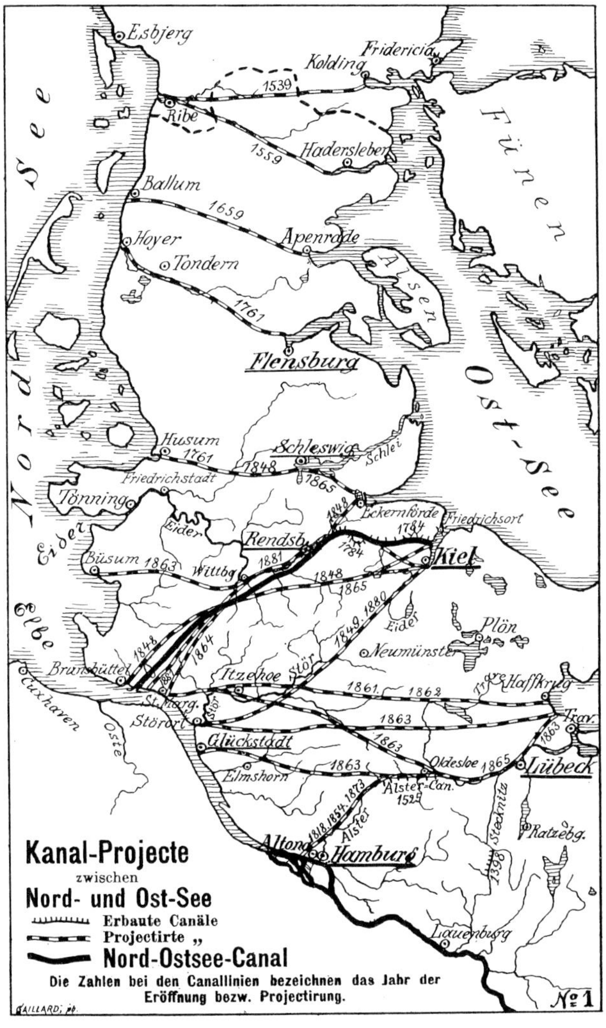

Kanalprojekte zwischen Nordsee und Ostsee aus der Zeit zwischen 1398 und 1886

Auf der Preußischen Landesaufnahme von 1877 ist deutlich zu erkennen, dass sich die Trasse des Alten Eiderkanals mit ihren zahlreichen Windungen zunächst am gewundenen Bachlauf der Levensau orientierte, bevor sie zwischen den Gutsanlagen von Knoop und Projensdorf einen planmäßigen und geradlinigen Verlauf nach Nordwesten einschlug. Hier richtete sich der Kanal offensichtlich nicht mehr nach dem bestehenden Bachlauf, sondern orientierte sich mehr nach den vorhandenen Geländeformen. Die in kurzen Abständen erbauten Schleusenanlagen ermöglichten die Überwindung der leichtgewellten Hügellandschaft. Nachdem das höchste Kanalniveau bei der Rathmannsdorfer Schleuse erreicht war, wandte sich der Kanal nach Südwesten und folgte nun wieder dem gewundenen Verlauf der Levensau, bevor er die Wasserscheide zwischen Ost- und Nordsee bei Landwehr überquerte und das Nordende des Flemhuder Sees erreichte.

Vom Flemhuder See aus richtete sich der Kanal nach Westen, folgte nicht dem mäandrierenden Verlauf der Eider, sondern wählte eine möglichst geradlinige Trasse bis Kluvensiek. Das Gefälle der Eider zwischen Flemhuder See und Kluvensiek glich man mit den Schleusenanlagen bei Klein Königsförde und Kluvensiek aus, die beide einen Höhenunterschied von je 2,3 m zu überwinden hatten. Westlich von Kluvensiek folgte der Kanal dem Eiderverlauf, der nach zahlreichen Windungen in der Seenkette von Schirnauer See, Borgstedter Enge, Audorfer See und Obereider mündete. Den letzten Höhenunterschied zwischen Obereider und Untereider mit 1,4 m bei Flut und 2,1 m bei Ebbe überwand der Kanal an der Rendsburger Schleuse.

Der Alte Eiderkanal bestand also nur zum Teil aus einem künstlichen Wasserweg. Er nutzte auf geschickte Weise natürliche Wasserläufe aus und suchte sich nur dort neue Trassen, wo die Übernahme von vorhandenen Bach- und Flussläufen zu großen Umwegen geführt hätte. So beschränkten sich die neu errichteten Kanalstrecken auf eine Länge von ungefähr 18 km, dem die mitgenutzten natürlichen Wasserflächen mit einer Länge von ungefähr 24 km gegenüberstanden.

Ab der Rendsburger Schleuse befuhren die Kanalschiffe nur noch den Flusslauf der Eider, deren mäandrierender Lauf bei Schülp und Breiholz mit direkten Durchstichen nur unwesentlich verkürzt wurde. Da sich der Unterlauf der Eider durch den Einfluss der Gezeiten in seinen Tiefen immer wieder veränderte, konnten die Kanalschiffe, deren Abmessungen wegen der Schleusenanlagen auf maximal 100 Fuß (= 28,8 m) Länge, 26 Fuß (= 6,1 m) Breite und 10 Fuß (2,9 m) Tiefgang begrenzt waren, den Unterlauf der Eider häufig nicht befahren. Somit war ein Transitverkehr nur für kleinere Schiffe möglich, die wegen ihres geringen Tiefgangs nicht seetüchtig waren. Die Waren mussten also an beiden Kanalausgängen von kleineren Kanalschiffen auf größere Seeschiffe umgeladen werden. Um die Waren an den Umschlagplätzen zwischenlagern zu können, errichtete man in Holtenau und Tönning große Packhäuser, die sich bis heute erhalten haben. Das sehr viel kleinere Packhaus neben der Rendsburger Schleuse diente der Zwischenlagerung der Waren, die von größeren Kanalschiffen auf kleinere Eiderschiffe umgeladen werden mussten.

Die Auswirkungen des Alten Eiderkanals auf die wirtschaftliche Entwicklung des Landes waren bedeutend, auch wenn sich die ursprünglichen Erwartungen über den erhofften Transitverkehr durch Schleswig-Holstein nicht alle erfüllten. Ohne den Alten Eiderkanal wäre beispielsweise die Gründung des ersten modernen Industriewerkes in Schleswig-Holstein, der Carlshütte in Büdelsdorf, nicht möglich gewesen. Da aber die Handelsschiffe auf Nord- und Ostsee in ihren Größen schnell wuchsen oder durch Dampfschiffe ersetzt wurden, waren sie von Witterungsbedingungen unabhängiger, wählten immer häufiger den längeren Weg durch das Skagerrak und vermieden damit das kostenintensive und zeitraubende Umschlagen der Waren auf die kleinen Kanalschiffe. So wurde der Alte Eiderkanal immer weniger angenommen und konnte nicht mehr wirtschaftlich betrieben werden. Im 19. Jahrhundert überstiegen die Unterhaltungskosten sogar die Einnahmen, so dass neue Pläne für einen größeren Kanal zwischen Nord- und Ostsee entstanden.

Die Ideen für einen größeren Kanal zwischen Nordsee und Ostsee, der in der Lage sein sollte, nicht nur seegängigen Handelsschiffen, sondern auch Kriegsschiffen eine direkte Durchfahrt durch das Land Schleswig-Holstein zu ermöglichen, standen im Zusammenhang mit den Gedanken der nationalstaatlichen Bewegung von 1848, die auch die Schaffung einer eigenen Kriegsflotte einschlossen. Unterschiedliche Linienführungen wurden diskutiert und sogar in der Nationalversammlung in Frankfurt am Main behandelt. Doch die politischen Entwicklungen von 1849, die die Gründung eines deutschen Nationalstaates verhinderten, beendeten erneut die Kanalbaupläne.

Erst als nach dem deutsch-dänischen Krieg von 1864 das Land Schleswig-Holstein zu einer preußischen Provinz (1866) sowie Kiel zum preußischen Flottenstützpunkt (1865), zum Kriegshafen des Norddeutschen Bundes (1867) und dann zum Reichskriegshafen (1871) erklärt wurden, waren die Voraussetzungen für eine neue Kanalplanung geschaffen, die auf alten Überlegungen aufbauen konnte. Man entschied sich für die Streckenführung von Brunsbüttel über Rendsburg nach Kiel und besiegelte damit auch das Schicksal des Alten Eiderkanals, weil er teilweise vom Bett des geplanten Nord-Ostsee-Kanals überlagert werden sollte. Nachdem der Reichstag 1886 dem „Gesetz betreffend die Herstellung eines Nord-Ostsee-Kanals" zugestimmt hatte, konnten 1887 die Arbeiten zum Kanalbau beginnen und 1895 erfolgreich abgeschlossen werden.

Mit der Fertigstellung des Nord-Ostsee-Kanals hatten sich nicht nur die strategischen Positionen und wirtschaftlichen Grundlagen für Deutschland und Schleswig-Holstein entscheidend verändert. Die Eingriffe des Kanalbaues in die schleswig-holsteinische Landschaft haben auch zu einer stark veränderten Kulturlandschaft geführt, die nicht mehr nur durch die natürlichen Gegebenheiten und die sich langsam veränderten Landnutzungsformen geprägt wurden, sondern die nun auch durch tief greifende Umgestaltungen des Landschaftsbildes innerhalb eines – landesgeschichtlich betrachtet – sehr kurzen Zeitraumes von nur 8 Jahren vollzogen wurden.

Eine Kulturlandschaft im Sinne der UNESCO ist eine organisch entwickelte Landschaft, die sowohl fossil, also in der Vergangenheit geprägt, als auch aktiv lebend, im traditionellen Sinne weitergepflegt sein kann. Dies ist also eine Landschaft, die sich durch spezifische Gestaltung aus geschichtlichen, kulturellen, wirtschaftlichen, sozialen oder politischen Gründen auszeichnet. Somit wird diese Kulturlandschaft nicht nur durch die Bedingungen geprägt, die sich seit der Besiedlung des Landes durch die Einflüsse der Natur und die Aktivitäten der Bewohner entwickelt haben, sondern auch durch die überregionalen Überlegungen und Planungen, die beispielsweise zum Bau der beiden künstlichen Wasserstraßen geführt haben. Da die Entwürfe zum Bau des Nord-Ostsee-Kanals ohne die früheren Kanalprojekte und Kanalbauten nicht zu verstehen sind, kommen den verschiedenen Kulturlandschaftselementen, die auf diese verschiedenen Epochen hinweisen, besondere Bedeutung zu. Diese Kulturlandschaftselemente werden auf den folgenden Seiten detailliert vorgestellt. Zusammen bilden sie die Kulturlandschaft Nord-Ostsee-Kanal.

Mit der beschlossenen neuen Kanaltrasse von der Elbmündung über Rendsburg zur Kieler Förde waren drei ganz unterschiedliche Kulturlandschaften zu durchqueren: Das Marschland an der Westküste, das häufig tiefer als der Meeresspiegel liegt und nur durch Deiche vor dem Hochwasser und den Sturmfluten der Nordsee geschützt wird. Das Geestland im mittleren Landesteil, das durch leicht gewellte Sanderflächen gebildet wird und die wichtigsten nordsüdlichen Verkehrswege enthält. Schließlich das östliche Hügelland mit seinen fruchtbaren Feldern, Wiesen, Wäldern und Seen, das durch seine vielgestaltige Knicklandschaft geprägt ist und in dem sich besonders viele historische Siedlungen und Gutsanlagen befinden. Diese unterschiedlichen Landschaftszonen stellten an den Kanalneubau jeweils ganz eigene Anforderungen.

Die Standortwahl für die westliche Kanaleinfahrt fiel in den Bereich der Elbmündung, also dorthin, wo sich der Strom über die Außenelbe in die Nordsee öffnet und die Tiefwasserrinne nahe am Holsteiner Ufer liegt. So konnte man eine Kanaleinfahrt harmonisch in den Flusslauf einbinden und auch Schiffen mit großem Tiefgang die Kanalzufahrt erleichtern. Man legte Wert auf eine Kanalführung ins Landesinnere, die möglichst wenige historische Siedlungen berührte oder zerstörte. Deshalb entschied man sich für die Kanaleinfahrt östlich neben dem alten Brunsbütteler Hafen, weil dort der Brunsbütteler Koog lag, der erst 1762 wieder eingedeicht worden und noch dünn besiedelt war. Frühere Eindeichungen sind den Deichbrüchen und Landverlusten des 17. Jahrhunderts zum Opfer gefallen und hatten zur Aufgabe des alten Ortes Brunsbüttel und 1675 zu seiner Neugründung am heutigen Standort geführt.

Zwischen den Kögen und dem Geestrücken lag der Kudensee, der in vorgeschichtlicher Zeit durch Nehrungen und Haffs von der Nordseeküste abgetrennt wurde und sich nach Aufschlickung der Küste zu einem Strandsee entwickelt hatte. Mit der Eindeichung der Köge wuchs die Entfernung des Kudensees von der Nordseeküste. Schließlich war der See nur noch durch den Burg-Kudenseer-Kanal mit der Elbe verbunden, wie auf der Preußischen Landesaufnahme von 1878 gut zu erkennen ist. Die Trasse des Nord-Ostsee-Kanals führt von Brunsbüttel aus zunächst durch die Deichsiedlung Ostermoor sowie das siedlungsfreie Blangenmoor und kreuzte beim Ort Kudensee die 1878 angelegte Marschbahn, die damals von Itzehoe nach Meldorf führte. Dort errichtete man eine Eisenbahndrehbrücke, die bis 1920 in Betrieb war und dann erst durch die weiter östlich gelegene Eisenbahnhochbrücke von Hochdonn ersetzt wurde. Anschließend durchquerte der Kanal das Südende des Kudensees und ließ den See bis auf eine kleine Restfläche zusammenschrumpfen. Der größte Teil des Kudensees wurde durch Baggergut aus dem Kanal aufgefüllt.

In seinem weiteren Verlauf orientierte sich der Nord-Ostee-Kanal am Bachlauf der Burger Au, die in südwestlicher Richtung floss und die Marsch über den Kudensee und den Büttler Kanal in die Nordsee entwässerte. Da die Marschoberfläche hier überall unter dem Meeresspiegel liegt, konnte die Entwässerung des Gebietes nur über Pumpwerke erfolgen, die das überschüssige Oberflächenwasser in den Kanal ableiteten. Vor dem Kanalbau entwässerte man die tiefer liegenden Marschflächen, indem man die unterschiedlichen Wasserstände der Nordsee ausnutzte und nur bei Ebbe die Siele in den Deichen öffnete.

Nirgendwo in Schleswig-Holstein kann man den Übergang zwischen Marsch und Geest so gut erkennen, wie an der südöstlichen Abbruchkante der Burger Geest zur Wilster Marsch. Die zahlreichen Hügelgräber auf dem Geestrücken bezeugen eine vorgeschichtliche Besiedlung dieses Gebietes und die Haufendörfer mit ihren Namen weisen auf Orte in einer hügeligen und waldreichen Landschaft hin. Vom hohen Geestrand genießt man auf dem Stubbenberg (49 m) einen herrlichen Blick über die Marschlandschaft mit dem darin eingebetteten Nord-Ostsee-Kanal und der etwas weiter entfernt fließenden Elbe. Die Namen der Straßen- und Hufendörfer der Wilster Marsch mit ihren Endsilben -donn, -lak, -moor oder -see deuten darauf hin, dass sie sich in einer Landschaft gebildet haben, die die Menschen dem Meer in einem jahrhundertelangen Kampf gegen die Fluten der Nordsee abgerungen haben.

Vom Kudensee aus durchquerte der Kanal das Burger Moor und schwenkte in 1,5 km Abstand von der hohen Burger Geest nach Norden. Dieser Teil der Kulturlandschaft wird eindrucksvoll von der Lage der Stadt Burg auf dem hohen Geestrücken geprägt. Schon im frühen 9. Jahrhundert wählten sächsische Siedler diesen Platz aus, um angesichts der Bedrohungen durch die Franken, Abotriten und Dänen einen Ringwall als Fluchtburg anzulegen. Der Ringwall bildete die Keimzelle des Ortes, der im 12. Jahrhundert eine Kirche erhielt und bis ins 19. Jahrhundert seinen dörflichen Charakter bewahrte. Erst durch den Kanalbau entwickelte sich Burg zu einer kleinen Landstadt mit zentraler Bedeutung für die ländliche Umgebung.

Nordöstlich von Burg durchquerte der Nord-Ostsee-Kanal das Hochdonner Moor und das Besen-Moor, folgte den Niederungen der Holsten-Au und umging alle Dörfer und die meisten Einzelgehöfte in dieser dünn besiedelten Marschlandschaft. Erst bei Holstenniendorf durchschnitt der Kanal die ersten Ausläufer der holsteinischen Geestlandschaft. Doch schon bei der Eisenbahnhochbrücke von Hochdonn kündigte sich der Übergang von der Marsch in die Geest an. Im Zuge der Kanalerweiterung von 1909-1914 entschloss man sich, auf die Eisenbahndrehbrücken bei Rendsburg und Kudensee zu verzichten, weil die Drehbrückentechnik für eine größere Kanalbreite nicht geeignet war. Während in Rendsburg in der Nähe der alten Drehbrücken eine neue Hochbrücke erbaut werden konnte, musste man bei Kudensee auf eine neue Hochbrücke wegen der ungünstigen Baugrundverhältnisse in der Marsch verzichten. Eine Hochbrücke konnte nur dort errichtet werden, wo die Geestrücken nahe an den Kanal heranreichten. Dies war erst bei Hochdonn der Fall und so entschloss man sich, die Marschbahn von Kudensee nach Hochdonn zu verlegen und dort mit einer Hochbrücke über den Kanal zu führen.

Die Hochdonner Hochbrücke ist somit nicht nur eine ingenieurtechnische Meisterleistung des beginnenden 20. Jahrhunderts, die mit der etwas älteren Rendsburger Hochbrücke kaum verglichen werden kann, weil sie mit viel schwierigeren Baugrundverhältnissen zurechtkommen musste, sondern sie bildet gleichsam das Eingangstor des Nord-Ostsee-Kanals von der Marsch in die Geest, die mit ihren Ausläufern bis auf einen Kilometer an den Kanal heranreicht und damit auch die Fachwerkgitterkonstruktion der Hochbrücke deutlich verkürzt.

Bis Bornholt folgte der Nord-Ostsee-Kanal immer noch dem Bachtal der Holsten-Au, das hier bereits so schmal war, dass sich der breite Kanal nun auch schon in die Geestufer eingraben musste. Deshalb liegen die beiden Ortsteile von Bornholt heute auch hart am Kanalufer und genießen von oben herab einen einzigartigen Blick auf die Wasserstraße. Nördlich von Bornholt durchstieß der Kanal erstmals mehrere Geestrücken, um bei Grünental den Bachlauf der Giesel-Au zu erreichen. Hierbei schwenkte der Kanal in großem Bogen nach Nordosten und folgte dann dem Bachtal der Giesel-Au bis zu den Eiderniederungen bei Oldenbüttel. Der tiefe Kanaleinschnitt in die Geestlandschaft ist auch heute noch in den hohen Geestrücken zu beiden Seiten des Kanals gut sichtbar.

Dieser Einschnitt hat dazu geführt, dass genau dort eine neue Eisenbahnhochbrücke erbaut werden konnte, die ohne Anfahrtsrampen auskam und ihre Konstruktion mit einem großen Fachwerkgitterbogen von einem zum anderen Kanalufer spannte. Leider wurde diese Brücke 1988 abgebrochen und durch einen schlichten Neubau ersetzt, so dass man heute nur noch bei der Levensauer Hochbrücke ein ähnlich feingliedriges Ingenieurbauwerk besichtigen und bewundern kann, das nahezu baugleich bei Grünental stand und den Durchstoß des Kanals durch die Geestlandschaft eindrucksvoll veranschaulichte.

Von Oldenbüttel bis Rendsburg nutzte der Nord-Ostsee-Kanal vorhandene Moore, Bachtäler sowie Seen und vermied auf diese Weise die Durchquerung weiterer Geestrücken. Damit umging der Kanal auch Einzelgehöfte und Ansiedlungen und respektierte so die vorhandene Siedlungsstruktur. Bei Hörsten durchschnitt er die Geestinsel Schachtholm und wandte sich stärker in nordöstliche Richtung, bevor er bei Schülp den Rüsterberg anschnitt und in das Eidertal mündete. Im Eidertal zwängte sich der Kanal zwischen den beiden gegenüberliegenden Eiderdörfern Schülp und Nübbel hindurch und bedrängte den alten Fluss so sehr, dass dieser sogar aus seinem ursprünglichen Bett verlegt werden musste. Bei Westerrönfeld verließ der Kanal das Eidertal, wandte sich wieder stärker nach Osten und durchschnitt den nächsten Geestrücken südlich von Rendsburg, auf dem sich der frühere Schützenhof, die ehemalige Glockengießerei und die Neuwerk-Gärten befanden. Mit dem Kanalbau entstand dort eine Straßendrehbrücke, um die historische Straßenverbindung von Rendsburg in das südliche Holstein zu sichern. 1961 wurde diese Drehbrücke durch einen Fußgänger- und einen Straßentunnel ersetzt.

Hinter den Neuwerk-Gärten nutzte der Kanal die Niederungen der Wehrau und der Fuhlenbek, durchschnitt die Neumünster-Rendsburger Eisenbahnlinie von 1845 und verschluckte nahezu den gesamten Saatsee nördlich von Osterrönfeld. Für die Kanalquerung erhielt die unterbrochene Eisenbahnlinie Drehbrücken, die bis zur Fertigstellung der Rendsburger Hochbrücke genutzt wurden. Die Hochbrücke erbaute man 1911-13 im Zuge der ersten Kanalverbreiterung, da bei einem breiteren Kanal die Bahnverbindung über eine Drehbrücke nicht mehr aufrecht zu erhalten war. Hier konnten die Erddämme der Aufstiegsrampen wegen der Besiedlungsdichte nicht bis an den Kanal herangeführt, sondern mussten jeweils einen Kilometer lang mit Gitterstützen über die Geest geleitet werden, bevor die eigentliche Kanalbrücke, eine zwischen zwei Gitterpfeilern eingespannte Hängekonstruktion, die Aufstiegsrampen miteinander verband.

Nach dem Saatsee drehte sich der Kanal wieder nach Norden und öffnete sich in den Audorfer See, den er in seiner gesamten Länge nutzte. In der ersten Ausbauphase von 1895 bis 1909 verzichtete man am Nordende des Audorfer Sees auf ein neues Kanalbett und leitete die Kanalschiffe durch den natürlichen Wasserweg der Borgstedter Enge bis in den Schirnauer See. Erst nach dem 1909 gefassten Entschluss, den Kanal zu verbreitern, verzichtete man auf die Passage der Borgstedter Enge und schaffte einen neuen Kanalabschnitt zwischen dem Audorfer See und dem Schirnauer See, durch den die Rader Insel entstand. Auch wenn sich heute nach dem Bau der Autobahnhochbrücke über die Rader Insel das Bild der Kulturlandschaft stark verändert hat, kann man gerade von der Autobahnhochbrücke einen guten Eindruck gewinnen, wie die Kulturlandschaft noch zu Beginn des 20. Jahrhunderts hier ausgesehen hat, als bereits die ersten großen Seeschiffe auf dem neu eröffneten Kanal durch die schleswig-holsteinische Landschaft fuhren.

Der Kanal nutzte anschließend den Schirnauer See in seiner vollen Länge aus und veränderte durch Abgrabungen und Auffüllungen die Seeufer so nachhaltig, dass der Charakter der ursprünglichen Seenlandschaft vollständig verwandelt wurde und nur noch am Nordufer in Ansätzen zu erkennen ist. Am nordöstlichen Ende des Schirnauer See wandte sich der Kanal nach Osten und folgte zunächst dem Eidertal, an dem sich auch der Alte Eiderkanal orientiert hatte. Hier brach er in das östliche Hügelland ein, das sein bewegtes Landschaftsrelief in der letzten Eiszeit erhalten, durch intensive Bewirtschaftung allmählich gewandelt und mit der Verkoppelung des 18. Jahrhunderts und den dadurch entstandenen zahlreichen Knicks charakteristische Landschaftselemente hinzugewonnen hatte. Der Kanal konnte sich aber weder am mäandrierenden Lauf der Eider noch am mehrfach gekrümmten Verlauf des Alten Eiderkanals orientieren, sondern wählte den direkten Weg quer durch das Hügelland in östliche Richtung. Bei Sehestedt zerschnitt er einen 20 m hohen Hügelrücken und durchtrennte eine gewachsene Siedlung, die ihre historische Mitte einbüßte und sich später auf beiden Kanalufern weiterentwickelte.

Hinter Sehestedt orientierte sich der Kanal nach Südosten und durchtrennte bei Königsförde das Hügelland, das durch das alte Eidertal, die Güterlandschaft und den Eiderkanal in mehreren Entwicklungsphasen entscheidend geprägt worden war und nun mit dem geradlinigen Verlauf des Nord-Ostsee-Kanals um eine weitere Phase bereichert wurde. Er erreichte das Nordende des Flemhuder Sees, ließ den größten Teil des Sees leerlaufen und veränderte damit die Seenlandschaft in entscheidender Weise. Bei Landwehr durchschnitt er einen 20 m hohen Hügelrücken und zugleich die Wasserscheide zwischen Nord- und Ostsee, wandte sich wieder nach Nordosten und folgte nun dem Bachlauf der Levensau, die bei Holtenau in die Kieler Förde mündete. Auch in diesem Landschaftsraum nahm der Kanal auf das vielgestaltige Hügelland wenig Rücksicht, sondern durchquerte mit zwei gegenläufigen Kurven die Knicklandschaft, unterbrach beim Ehlersberg die historische Straße von Kiel nach Eckernförde und trennte bei Projensdorf und Knoop die traditionelle Gutslandschaft, bevor er südlich neben dem Alten Eiderkanal die Kieler Förde erreichte. Die Levensauer Hochbrücke, die die alte Eckernförder Straße und die Eisenbahnlinie von 1881 gemeinsam über den Kanal umleitete, weist die Kanalschiffe bereits frühzeitig auf das nahe Kanalende hin.

Die Beschreibung des Kanalverlaufs hat gezeigt, dass der Bau des Nord-Ostsee-Kanals im östlichen Hügelland zu tief greifenden Veränderungen in der Kulturlandschaft führte. Die Anforderungen an den Kanal, der für große Seeschiffe bestimmt war, ließen sich nicht mit der kleinteiligen Landschaftsstruktur des Hügellandes in Übereinstimmung bringen. Die Bachtäler waren zu schmal und gewunden, um eine ausreichende Trasse für den breiten Schifffahrtskanal liefern zu können. Die angrenzenden Güter bedeckten so umfangreiche Landschaftsabschnitte, dass sie der Kanalbau nicht unberührt lassen konnte. Die Besiedlung des Hügellandes war so dicht, dass auch Dörfer und Einzelgehöfte betroffen wurden. So vernichtete der Kanalbau das traditionelle Bachtal der Levensau, er durchtrennte die Gutsbezirke von Knoop und Projensdorf, die bis heute auf vielfältige Weise landschaftsübergreifende Funktionen wahrnehmen, er zerschnitt das historische Dorf Sehestedt, das durch das Gefecht von 1813 zu einem wichtigen Ort in der schleswig-holsteinischen Geschichte geworden war, und er zerstörte die Kulturlandschaft um den Flemhuder See so nachhaltig, dass die Gründung des Dorfes Flemhude durch flämische Siedler, die über die Nordsee und die Eider bis in das östliche Hügelland vordrangen, heute nur noch schwer nachvollziehbar ist.

Die weitgehende Beseitigung des Alten Eiderkanals, der nur noch in wenigen Teilabschnitten erhalten blieb und dort den Eindruck einer harmonischen Einbindung in das Hügelland vermittelt, gehört zu den Verlusten, die durch den Bau des Nord-Ostsee-Kanals zu beklagen sind. Doch genau so wie der Alte Eiderkanal nach 100 Jahren seine Existenzberechtigung einbüßte, weil die strategischen und wirtschaftlichen Bedingungen einen größeren und direkteren Schifffahrtsweg durch das Land Schleswig-Holstein erforderten, waren die Maßstäbe für den Bau des Nord-Ostsee-Kanals schon nach 20 Jahren überholt und führten ab 1909 zur ersten Kanalerweiterung, die wiederum neue Eingriffe in die Kulturlandschaft nach sich zog. Ein neuer Kanalabschnitt vom Audorfer See zum Schirnauer See zerstörte die Seenlandschaft an der Obereider und ließ die Rader Insel entstehen, die zu einer optischen Verlagerung der traditionellen Grenze zwischen den beiden Landesteilen Schleswig und Holstein führte. Im Zuge der ersten Kanalerweiterung von 1909 entstanden auch die Eisenbahnhochbrücken von Rendsburg und Hochdonn, die die Kulturlandschaft in entscheidender Weise verändert haben und heute als technische Denkmale von nationalem Rang gewertet werden.

Die Rendsburger Hochbrücke hat dem Land Schleswig-Holstein nicht nur ein ingenieurtechnisches Meisterwerk von nationalem Rang beschert, sondern sie wirkte sich auch städtebaulich auf die Entwicklung der Stadt Rendsburg in entscheidender Weise aus. Es gibt nur wenige Beispiele in Deutschland, bei denen die Form und Ausgestaltung eines Stadterweiterungsgebietes so nachhaltig durch ein Verkehrsbauwerk geprägt wurde, wie dies in Rendsburg innerhalb der nördlichen Auffahrtsschleife zur Eisenbahnhochbrücke der Fall ist. Die Hochdonner Hochbrücke hat nicht nur den Übergangsbereich von der Geest in die Marsch entscheidend geprägt, sondern sich auch nachhaltig auf die Entwicklung der Geestsiedlung Burg ausgewirkt.

Schließlich führte die Kanalerweiterung von 1909 zum Bau neuer Schleusenanlagen in Brunsbüttel und Holtenau, denen in Brunsbüttel die erste Kanalbediensteten-Siedlung von 1895 schon wieder zum Opfer fiel. Doch sind mit den neuen Schleusenanlagen auch wiederum technische Meisterleistungen entstanden, die besonders mit den neuen Schiebetoren und den Torwagenhäusern einzigartige Ingenieurbauten hervorgebracht haben, als technische Denkmale bewertet wurden und unter touristischen Gesichtspunkten große Aufmerksamkeit erzielen.

Die Beschreibung der vom Kanalbau berührten oder betroffenen Gemeinden, die auf den nachfolgenden Seiten dargestellt sind, zeigt darüber hinaus, dass der Kanalbau direkt oder indirekt sich auf deren Entwicklung ausgewirkt hat. Besonders deutlich ist dies an den neuen Bauformen und Materialien zu erkennen, die mit dem Kanalbau Eingang in die ländliche Architektur Schleswig-Holsteins fanden. Während bis dahin die ländliche Bauweise von eingeschossigen Katen und Bauernhäusern mit Fachwerk- oder Backstein-Wänden und reetgedeckten Krüppelwalmdächern vorherrschte, zogen mit dem Kanalbau neue Elemente in die ländliche Architektur ein, die durch den erweiterten Baustoffhandel sowie durch städtische Bauformen bestimmt waren. Hierzu zählen die neuen, flach geneigten Satteldächer, die mit Pappe oder Schiefer eingedeckt wurden. Ferner gehören dazu die offenen Sparrengiebel, die teilweise reich verziert sind und den neuen Wohlstand der Eigentümer veranschaulichen. Ebenso sind die Stuckelemente zu erwähnen, mit denen die Backsteinfassaden versehen wurden, wie auch die säulenverzierten Eingangsloggien, mit denen Altbauten und Neubauten ausgestattet wurden, um gesellschaftliche Anerkennung zu dokumentieren.

Der Kanalbau brachte aber auch eine ganze Reihe von neuen Bautypen hervor, die bis dahin in Schleswig-Holstein unbekannt waren und die seitdem das Bild der Kulturlandschaft in entscheidender Weise geprägt haben. Hierzu zählen sowohl die Alten wie auch die Neuen Schleusenanlagen, die in Brunsbüttel besser erhalten blieben, weil dort weniger Veränderungen vorgenommen wurden. Hierzu gehören die unterschiedlichen Typen von Eisenbahnhochbrücken, die sich in den Beispielen der Levensauer Hochbrücke und der Rendsburger Hochbrücke besonders einprägsam darstellen. Hierzu rechnen die Leuchttürme, die in traditioneller Form in Holtenau und in neuzeitlicher Form in Brunsbüttel vertreten sind. Ferner die Pegeltürme, Maschinenhallen, Signalanlagen, Werften, Kanalfähren und Lotsenhäuser, ohne die ein Betrieb des Kanals nicht möglich wäre. Schließlich ist auf die Folgebauten hinzuweisen, die ohne den Kanalbau nicht entstanden wären. Dazu gehören sowohl die Verwaltungsbauten als auch die Wohnhäuser oder Siedlungen, die für die Kanalbediensteten errichtet wurden, sowie die zahlreichen Hotels und Gaststätten.

Der Bau des Nord-Ostsee-Kanals hat nicht nur nachhaltig in bestehende Kulturlandschaften eingegriffen und zu weitreichenden Veränderungen geführt, sondern er hat mit seinen Anlagen und Einrichtungen diese Kulturlandschaften auch so stark beeinflusst und umgestaltet, dass es gerechtfertigt erscheint, heute von einer neuen und eigenständigen Kulturlandschaft Nord-Ostsee-Kanal zu sprechen.

Wyk auf Föhr
NORDMARSCH-LANGENESS
GRÖDE - APPELLAND
HABEL
HALLIGEN
HAMBURGER HALLIG
HOOGE
Japsand
NORDSTRANDISCHMOOR
NORDEROOG
Norderoogsand
PELLWORM
NORDSTRAND
SÜDEROOG
SÜDFALL
Süderoogsand
Wordergoesharde
Bredstedt
Südergoesharde
HUSUM
Eiderstedt
St. Peter-Ording
Tönning
Friedrichstadt
Stapelholm
EIDER
Heide
Büsum
Blauort
Tertius
Trischen
Dithmarscher Bucht
HELMSAND
Meldorf
Dieksand
Hakensand
Norder-Gründe
Marne
Medemsand
Neufelder Watt
Brunsbüttel
Wilster
SCHARHORN
Robbenplate
zu HAMBURG
Neuwerker Watt
NEUWERK
Kleinwatt
CUXHAVEN
Grosser Knechtsand
AUSSENELBE
Otterndorf

Schleswig-Holstein
Übersichtskarte - 1 : 375.000
Nord-Ostsee-Kanal .... dunkelblau
Alter-Eider-Kanal .... hellblau
Schlei-Treene-Weg .... hellblau
Gebietskarten 1 : 100.000
K I E L E R B U C H T
Kieler Förde
Eckernförder Bucht
Schwansen
Dänischer Wohld
Probstei
SCHLESWIG
RENDSBURG
KIEL
NEUMÜNSTER
ITZEHOE
Eckernförde
Kappeln
Arnis
Heikendorf
Schönberg (Holstein)
Preetz
Plön
Malente
Eutin
Bordesholm
Nortorf
Büdelsdorf
Bad Bramstedt
Kaltenkirchen
Kellinghusen
Wahlstedt
Trappenkamp
Boostedt
Ahrensbök
Selenter See
Westensee
Wittensee
Großer Plöner See
Staatsforst Segeberg

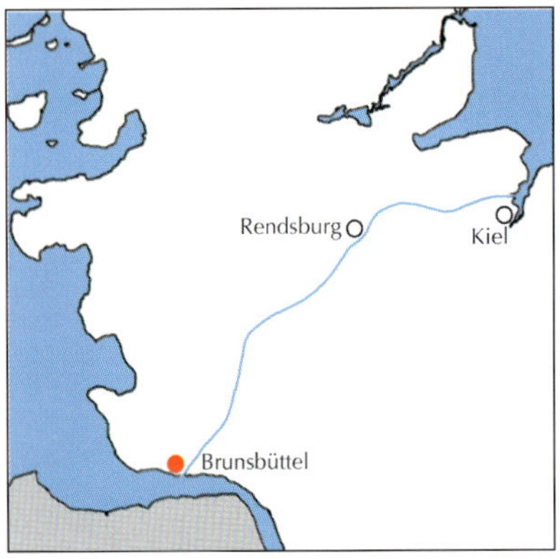

Brunsbüttel ist eine sehr junge Stadt. Am 31.12.1969 wurde das alte Kirchdorf Brunsbüttel mit der damaligen Stadt Brunsbüttelkoog und mehreren Dorfgemeinden zur Stadt Brunsbüttel zusammengeschlossen. Man entschied sich für den sehr viel älteren und bedeutenderen Ortsnamen Brunsbüttel, der „Büttel (Siedlung) des Brun" bedeutet.

Bereits seit dem 13. Jahrhundert gab es ein Kirchdorf namens Brunsbüttel als ländlichen Handelsvorort Dithmarschens an einer Stelle, die heute in der 12 Meter tiefen Schifffahrtsrinne der Elbe liegt. Geländeabbrüche am Nordufer des Stroms führten dazu, dass man die alte Ansiedlung aufgab und an ihren heutigen Standort verlegte, wo der Schulmeister Johann Boye 1675 den streng rechteckigen Grundriss des Kirchdorfs neu absteckte. Bereits 20 Jahre zuvor hatte man den Friedhof auf eine höher gelegene Wurt verlegt, um den herum der neue Ort entstand. Das sprunghafte Wachstum der benachbarten jungen Stadt Brunsbüttelkoog, die seit dem Bau des Nord-Ostsee-Kanals alle Wirt-

Kirchdorf Brunsbüttel, Diakonat, Markt 12

Kirchdorf Brunsbüttel, Reichenstraße 1

Kirchdorf Brunsbüttel, Markt mit Jakobus-Kirche, Luftaufnahme, Sommer 1975

schaftskraft an sich zog, bewirkte, dass sich die Struktur des alten Kirchdorfes kaum verändert hat. An den von hohen Bäumen gesäumten rechteckigen Markt schließt sich im Nordwesten ein zweites Rechteck mit Hausgrundstücken an den Randstraßen Reichen-, Oester- und Norderstraße an. Das längsrechteckige Geviert wird einschließlich der tiefen Gartengrundstücke von zwei Sielzügen eingefasst und entwässert, die sich südöstlich des Dorfes zum Großen Bellmer Fleth vereinigen und beim Alten Hafen in die Elbe münden.

Mitten in einer von hohen Linden umstandenen rechteckigen Rasenfläche liegt die 1678 errichtete Jakobus-Kirche, ein einschiffiger Backsteinbau mit halbrunder Apsis. Ursprünglich befand sich hier auch der Friedhof, der bis zu seiner Auflösung 1839/40 von einem Wassergraben umgeben war. Nordöstlich schloss der Marktbereich an, der noch heute durch einen Weg mit Lindenreihe vom Kirchhof getrennt ist. Die Marktplatzbebauung stammt aus späterer Zeit. Hier gibt es zahlreiche Kulturdenkmale. Die ursprünglich eingeschossigen und giebelständigen Häuser wurden durch den Brand von 1719 zerstört. Die ältesten heute noch erhaltenen Gebäude stehen an der Westseite des Marktes. Dies sind das Diakonat von 1779 am Markt 12 und der Hof Piel von 1801 an der Reichenstraße 1, zwei stattliche bäuerliche Kreuzhäuser in Fachwerkkonstruktion. Die Marktsüdseite wird durch rote Backsteingebäude des frühen 19. Jahrhunderts geprägt, die Nord- und Ostseite durch Wohn- und Geschäftshäuser aus der zweiten Hälfte des 19. Jahrhunderts.

Kirchdorf Brunsbüttel, Marktsüdseite

Nahebei liegt der neue Friedhof, der ebenfalls in längsrechteckiger Form angelegt ist und von hohen Kastanienreihen gerahmt sowie vom Großen Bellmer Fleth entwässert wird.

Zwischen dem Kirchdorf und dem heutigen Zentrum der Stadt Brunsbüttel entstand in den vergangenen Jahrzehnten ein ausgedehntes Wohngebiet sowie ein Wohn- und Geschäftsviertel zwischen der Olof-Palme-Allee und der Eddelaker Straße.

Ein schöner Fußweg führt über den Elbdeich in Richtung Alter Hafen. Hier kann man die Ausmaße der gewaltigen Deichanlagen erkennen, die das auf Meereshöhe gelegene Hinterland vor den Sturmfluten schützt. Die Dachfirste der meisten Häuser am Deichfuß liegen weit unterhalb der Deichkrone. Im Umfeld des Alten Hafens zeugen einige ältere Gebäude vom früheren Dorf Soesmenhusen, das hier direkt hinter dem Deich lag. Bemerkenswert ist ein Fachwerkgebäude mit roten Ziegelausfachungen von 1824.

Altenhafen 8, Blick vom Elbdeich

Auf dem Weg zum Zentrum knickt die Deichlinie rechtwinklig nach Osten ab. Der neue Deich entstand erst in Zusammenhang mit der Eindeichung des Brunsbütteler Kooges um 1762. Vorher war dieses Gelände den Gezeiten ausgesetzt und unbewohnt. Die alte Deichlinie verlief in der Fortsetzung der Straße Am Fleth weit ins Hinterland hinein. Noch heute sind einige dieser alten Deichabschnitte erhalten. Am besten lässt sich die frühere Deichlinie anhand des Straßenverlaufs Am Belmer Moor und Westerbütteler Straße in den ländlich geprägten Ortsteilen Osterbelmhusen und Westerbüttel nachvollziehen, die schon damals geschützt hinter dem alten Deich lagen. Ähnlich lag die lang gestreckte Siedlung Ostermoor hinter dem alten Deich, an die heute bis auf den Namen der Fähre über den Nord-Ostsee-Kanal nicht mehr viel erinnert. Ostermoor musste dem Nord-Ostsee-Kanal, seinen Erweiterungen und schließlich dem Industriegebiet Brunsbüttel-Süd weichen. Die Preußische Landesaufnahme von 1878 zeigt deutlich die zahlreichen Siedlungen hinter der alten Deichlinie sowie den neu eingedeichten und noch dünnbesiedelten Brunsbütteler Koog von 1762.

Hochbrücke der B5 über den Nord-Ostsee-Kanal nordöstlich der Fähre Ostermoor

Paulus-Kirche mit Pastorat im „Beamtenviertel"

Es empfiehlt sich, weiter auf dem Deich in Richtung Stadtzentrum zu gehen. Hinter dem Deich verläuft am Deichfuß die Hafenstraße und auf der Deichkrone die Straße Auf dem Deiche, die mit Häusern bestanden ist und eine reizvolle Aussicht nach Süden auf den Alten und Neuen Hafen sowie auf die Elbe bietet. Die beiden Häfen sind gezeitenabhängig und laufen bei Niedrigwasser leer, so dass zahlreiche Segel- und Motorboote bei Ebbe auf Grund liegen. Der Neue Hafen liegt im Mündungstrichter der Braake, einem Fleth, der die nördlich angrenzenden Marsch- und Feuchtgebiete entwässert. Eine in den Deich einge-

Maschinenhaus und Kraftwerk von 1909/1914 auf der Schleuseninsel – heute Schaltzentrale

baute Schleuse reguliert den Wasserstand des Flusses, der innerhalb der Stadt seenartig aufgestaut ist.

Hier kann man den Deich verlassen und durch einen Park zur Koogstraße gehen. Nun befindet man sich im Zentrum der Stadt, der ehemaligen Stadt Brunsbüttelkoog. An der von West nach Ost verlaufenden Koogstraße liegen zahlreiche Läden, Banken, Cafes und Restaurants sowie das Rathaus.

Zu beiden Seiten der Koogstraße entstanden zu Beginn des 20. Jahrhunderts neue Wohngebiete, die meist im Zusammenhang mit dem Nord-Ostsee-Kanal erbaut wurden. Hervorzuheben sind die Siedlung an der Bojestraße aus den 20er Jahren, ein langer Abschnitt der Elbstraße aus den 20er und 30er Jahren, die ehemalige Eisenbahnersiedlung entlang der Ostermoorer Straße sowie die mit Siedlungshäusern und kleinen Villen im Baustil der Heimatschutzarchitektur bebaute Schulstraße, die ebenfalls aus den 20er und 30er Jahren stammt und für Lotsen und Kapitäne errichtet wurde. Bereits um 1910 entstand im Zuge der ersten großen Kanalerweiterung und großer Stadterweiterungspläne die sogenannte „Beamtensiedlung" nördlich der Koogstraße, die durch die Straßenzüge Kautzstraße, Delbrückstraße, Wurtleutetweute und Scholerstraße begrenzt wird. Diese Siedlung ist auch heute noch ein einmalig gut erhaltenes Wohngebiet, das einst für am Kanal beschäftigte Beamte, Arbeiter und Lotsen erbaut wurde. Im Zentrum der Beamtensiedlung steht die gleichzeitig errichtete Paulus-Kirche und das angrenzende Pastorat.

Die Koogstraße endet im Osten am Gustav-Meyer-Platz. Hier erreicht man den Nord-Ostsee-Kanal und das Brunsbütteler Schleusengelände, das zweifellos ein besonders sehenswertes und interessantes Stadtgebiet darstellt. Die zahlreichen Anlagen und Bauten bilden ein einzigartiges Ensemble von technischen Kulturdenkmalen. Verglichen mit den am anderen Kanalende gleichzeitig und oft identisch ausgeführten Gebäuden ist zu erkennen, dass die meisten Objekte in Brunsbüttel besser erhalten sind als in Kiel. Das Gebiet unterteilt sich in die Alten Schleu-

Neue Schleusen mit Torwagenhaus

Alte und Neue Schleusen, Blick von einem „Traumschiff", im Hintergrund die Elbe

senanlagen von 1895 im Südosten und die Neuen Schleusenanlagen von 1914 im Nordwesten, die erst im Zusammenhang mit der ersten Kanalerweiterung entstanden sind. Bemerkenswert sind das ehemalige Kaiserliche Hafenamt, heute Verwaltungsgebäude des Wasser- und Schifffahrtsamtes Brunsbüttel, die Alten und Neuen Schleusen, der Pegelturm, das große Maschinenhaus und Kraftwerk auf der Schleuseninsel, heute Schaltzentrale, ferner die Torwagenhäuser der Neuen Schleusen, von denen die beiden kanalseitig gelegenen noch als genietete Stahlkonstruktionen original erhalten sind. Von dort werden die Schleusentore ein- oder ausgefahren. Ein Torwagenhaus kann man im Rahmen einer geführten Schleusenbegehung besichtigen. In einem nahe dem Gustav-Meyer-Platz gelegenen Museum kann man sich eingehender mit der Geschichte und dem Bau des Nord-Ostsee-Kanals befassen.

Zwischen Ostermoorer Straße und Kanal liegen der Bauhof und der dazugehörige Binnenhafen. Im Zuge der ersten Kanalerweiterung entstanden, fallen eine Hellinganlage und das „Magazin", ein Lagergebäude in rotem Backstein, auf. Jenseits der Ostermoorer Straße steht der 38 Meter hohe Wasserturm, der 1912 als runder Backsteinbau mit reizvollen Mauerwerksdetails erbaut wurde und der städtischen Wasserversorgung diente.

Wasserturm an der Ostermoorer Straße

Besonders sehenswert sind zwei baugleiche Leuchttürme an den Enden der langen in die Elbe hinein reichenden Molen am Alten

Leuchtturm Mole 1 von 1895

Vorhafen. Sie sind 1895 entstanden, markieren die Zufahrt zu den Alten Schleusen und sind auf der östlichen Mole schwarzweiß und auf der westlichen Mole rot gestrichen. Über einem achteckigen Granitsockel erhebt sich ein oktogonaler und nach oben sich leicht verjüngender Baukörper aus genieteten Metallplatten mit zwei offenen Galerien und schließt mit einem weißen Turmhelm ab. Darauf befindet sich eine eiserne Wetterfahne mit der Jahreszahl 1895. Die innen hoch führende gusseiserne Wendeltreppe ist noch original erhalten. Zweifellos zählen diese Leuchttürme zu den beeindruckendsten Bauwerken ihrer Art.

Nahe der Mole 1 steht das alte Lotsenhaus von 1895. Es diente den Lotsen als Wohn- und Übernachtungsgebäude. Besonders interessant ist ein Vergleich mit den zeitgleich erbauten Lotsenhäusern in Nübbel und Holtenau. Es handelt sich um den gleichen Bautyp, der in Brunsbüttel spiegelbildlich zu den anderen Lotsenhäusern ausgeführt wurde. Im Brunsbütteler Lotsenhaus sind noch die hölzerne Eingangsveranda, das Treppenhaus mit schmiedeeisernem Geländer und ursprünglicher Befensterung sowie die hölzerne Decken- und Wandverkleidung des Speisesaales original erhalten. Der Speisesaal wurde noch bis vor wenigen Jahren als Gaststätte genutzt.

Alte Schleusen und Pegelturm von 1895

„Magazin" am Binnenhafen

Ortsteil Mühlenstraßen, Wallsweg 2, Wohn- und Wirtschaftsgebäude von 1805

An den Kanal und die Schleusen schließt südöstlich der Stadtteil Brunsbüttel-Süd an, der wegen der entfernten Lage zum Stadtzentrum und des nahen Industriegebietes als Wohnstandort nicht besonders beliebt ist. Dennoch soll dieser Stadtteil kurz beschrieben werden. Als der Nord-Ostsee-Kanal gegen Ende des 19. Jahrhunderts erbaut wurde, gab es Pläne, Brunsbüttel, damals noch Brunsbüttelkoog genannt, zu einer repräsentativen Großstadt mit weiträumigen Straßen, Plätzen, Alleen, Parkanlagen und herausragenden Bauten auszubauen nach dem Vorbild Kiels, das nach den Ideen des Stadtplaners Josef Stübben zu einer Millionenstadt erweitert werden sollte. In Brunsbüttel dachte man an 100.000 Einwohner, es blieb aber bei den Ideen und Planungen. Nur wenige Straßenzüge lassen großstädtische Dimensionen erahnen. Dazu zählen einige reich verzierte und urban wirkende Mietwohnhäuser in geschlossener Bauweise entlang der Festgestraße, der Karlstraße und der Alten Chaussee. Jedoch enden diese Straßen immer wieder abrupt, gehen in unbebaute Bereiche über und grenzen heute im Osten direkt an das Industriegebiet Brunsbüttel-Süd.

Abschließend wenden wir uns den außerhalb des Stadtgebietes gelegenen Regionen zu, wo alte und kleine Siedlungen sowie vereinzelte Hofanlagen das überwiegend landwirtschaftlich genutzte Marschland prägen. Hervorzuheben sind die Ortsteile Mühlenstraßen und Nordhusen, wo noch einige bemerkenswerte Bauernhöfe mit Reetdächern erhalten sind und vom früheren Wohlstand der Dithmarscher Bauern zeugen. Dazu zählen der Bauernhof Wallsweg 2, ein Wohn- und Wirtschaftsgebäude von 1805 mitten in einer großzügig gestalteten Gartenanlage, eine Scheune des Bauernhofes Nordhusener Straße 5, ein Fachwerkbau mit schönen Ziegelausfachungen sowie der „Löwenhof", ein Fachhallenhaus an der Nordhusener Straße 13.

Ortsteil Mühlenstraßen, Reetdachscheune Nordhusener Straße 5

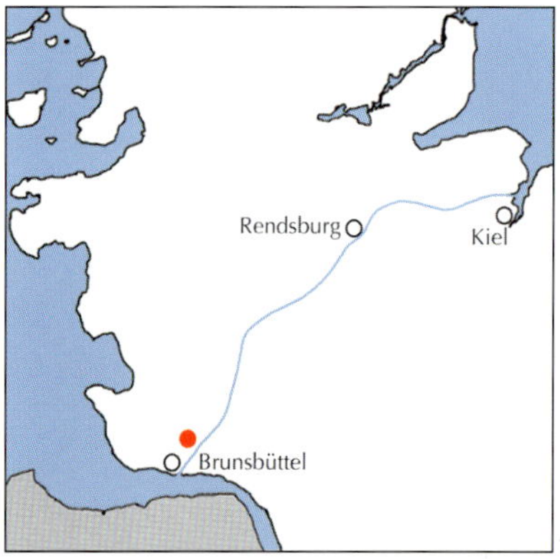

Averlak ist ein typisches Straßendorf, das sich entlang der geradlinigen Hauptstraße auf einer Länge von fast 3 Kilometern zwischen dem Nord-Ostsee-Kanal und der Gemeindegrenze zu Eddelak erstreckt. Der Preußischen Landesaufnahme ist zu entnehmen, dass sich das Dorf seit 1878 kaum vergrößert hat. Die Ansiedlung entstand auf einem schmalen Landrücken, der sich nur wenig aus der Marschlandschaft erhebt und als Düne oder Donn (niederdeutsch) bezeichnet wird. Die Namen der Ortsteile Süderdonn, Norderdonn und Donndiek weisen auf diese topographische Lage hin. Averlak bedeutet „über der Lake" oder „über dem See". Damit ist der Kudensee gemeint, der sich ursprünglich nordöstlich des Straßendorfes ausdehnte, im Zuge des Kanalbaus stark verkleinert wurde und dessen verbliebener Rest nun innerhalb des Naturschutzgebietes Kudensee liegt.

Morgenstimmung am Nord-Ostsee-Kanal

Nur wenige alte Reetdachhäuser haben sich erhalten. Die meisten Gebäude sind in der Kanalbauzeit erneuert worden und zeigen die typischen Stilmerkmale wie flachgeneigte Satteldächer mit Eckelementen, Fensterumrahmungen und Geschossgesimsen, verzierte Rotsteinfassaden, sowie säulengeschmückte Eingangsloggien. Im äußersten Südosten, wo der Nord-Ostsee-Kanal die direkte Straßenverbindung zwischen Averlak und Kudensee durchschneidet, hat sich der Ort geringfügig erweitert. Eine Fähre hält die alte Verbindung aufrecht. Zunächst befand sich der Fähranleger in der geradlinigen Verlängerung der Hauptstraße. Später wurde er um 200 Meter nach Norden verlegt. Einige Wohnhäuser, die um 1900 für das Personal der Fähre und der Weiche Kudensee erbaut wurden, prägen das mit Bäumen bestandene nördliche Kanalufer. Etwas weiter im Süden stand die alte Eisenbahndrehbrücke, die bei Taterpfahl die Verbindung der Marschbahn über den Nord-Ostsee-Kanal sicherte. Nachdem die Eisenbahnhochbrücke bei Hochdonn 1920 fertig gestellt war, wurde die Drehbrücke abgebrochen und in Lindaunis an der Schlei in abgeänderter Form wieder aufgebaut. Reste des alten Eisenbahndamms sind erhalten geblieben.

Weiche Kudensee

Kuden liegt in einer kleinen Talsenke am Südrand der steil zur Marsch abfallenden Dithmarscher Geest. Besonders deutlich zeichnet sich der Höhenunterschied mit bis zu 30 Metern oberhalb der Straße Blankenese ab. Am Ende der Bergstraße hat man von einem neu erbauten Aussichtspavillon aus einen phantastischen Blick auf die tiefer liegende Marsch- und Moorlandschaft, auf das Naturschutzgebiet Kudensee sowie auf den weiter entfernt gelegenen Nord-Ostsee-Kanal bis nach Brunsbüttel und zur Elbe.

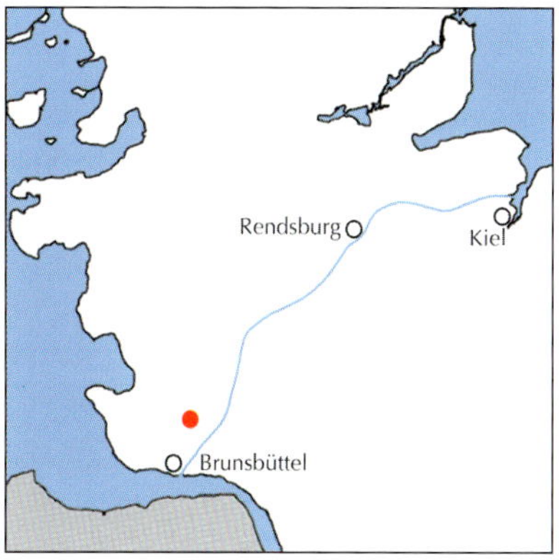

Kuden zählt zu den ältesten Siedlungen in Süderdithmarschen. Die zahlreichen Hügelgräber im nördlichen Gemeindegebiet beweisen, dass diese Gegend schon in vorgeschichtlicher Zeit dicht besiedelt war. Urkundliche Angaben über die Gründung des Dorfes liegen nicht vor, doch kann man ein Alter von 800 bis 1000 Jahren annehmen. Die Deutung der ursprünglichen Schreibweise des Ortsnamens, „Cud" oder „Kud", ist nicht ganz einfach. Es gibt unterschiedliche Erklärungen, zum Beispiel „Ort an einer Niederung" oder „Ort am Sumpf und Schlamm". In einer weiteren Deutung wird eine Verbindung des Namens mit einer Fischgattung „Quiderne" (englisch cudden, cuddie, cod) hergestellt. Demnach wäre „Kuden" ein Ort, der an einer sumpfigen Niederung liegt, wo Fische gefangen wurden. Dies ist gut nachvollziehbar, wenn man sich in die Zeit zurückversetzt, als der Kudensee noch eine Verbindung zur Elbe hatte, also in die Zeit, als es noch keine Elbdeiche gab und das Land häufig bis an den Geestrand überflutet wurde.

Blick vom Nord-Ostsee-Kanal auf Kuden, im Vordergrund der Bütteler Kanal und der Kudensee

Gedenkstein mit Friedenseiche, im Hintergrund Reetdachkate Knüll 4

Der Siedlungsstruktur nach ist der Ort Kuden ein Haufendorf. Die Landesstraße L 139 von Eddelak nach Buchholz und Burg, die Hauptstraße, teilt den Ort in zwei Hälften. Das Gesamtbild des Dorfes wurde seit jeher von der Landwirtschaft, also von zahlreichen bäuerlichen Hofanlagen und ländlichen Katen geprägt. Die Preußische Landesaufnahme beweist, dass sich Kuden seit 1878 kaum erweitert hat. Nur die Straße Möhlenbarg sowie ein östlich angrenzendes Neubaugebiet in der Umgebung der Birkenstraße und Am Wasserwerk sind später entstanden.

Überall im Dorf erblickt man alte Gebäude, die häufig noch sehr gut erhalten und mit Reet gedeckt sind. Die ältesten Reetdachhäuser befinden sich im östlichen Teil der Ortschaft, insbesondere an den Straßen Knüll, Quiet und Bergstraße sowie entlang der schon fast auf Marschebene verlaufenden Straße Blankenese. Häufig waren dies einfache Kätner-, Tagelöhner- oder Handwerkerhäuser mit einem Stallteil für Kleintierhaltung. Die eine Hälfte des Hauses wurde zum Wohnen, die andere Hälfte zur Unterbringung der Tiere genutzt. Heute sind diese kleinen Reetdachhäuser zu reinen Wohngebäuden umgebaut. Häufig dienen sie auswärtigen Bewohnern als Ferien- oder Zweitwohnsitze. Besonders gut erhaltene und erfolgreich sanierte Häuser liegen im Westen und Nordwesten des Dorfes an der Mühlenstraße,

Hauptstraße 23

Mühlenstraße 13

Mühlenstraße 21

der Königstraße und der Feldstraße. In der Mitte und im Nordwesten des Ortes befinden sich mehrere alte und große Bauernhöfe, von denen einige bereits als Kulturdenkmale anerkannt sind. Dazu gehören das Wohn- und Wirtschaftsgebäude an der Hauptstraße 23, das mit einem reetgedeckten Krüppelwalmdach und einem übergiebelten Seiteneingang ausgestattet ist, sowie das Fachhallenhaus an der Hauptstraße 21, das ebenfalls ein reetgedecktes Krüppelwalmdach besitzt.

Gegenüber der 1912 erbauten ehemaligen Schule an der Alten Schulstraße, die heute als „Haus der Begegnung" und Kindergarten genutzt wird, steigt das Gelände zur Knüllstraße 4 leicht an. Die gestaltete Grünanlage besaß ursprünglich 7 Friedenseichen. Die Inschrift auf einem Gedenkstein erklärt diese Anzahl: „Den 7 Gefallenen des Krieges 1870-71".

Im südlichen Gemeindegebiet liegt an der Grenze zur Gemeinde Averlak das Naturschutzgebiet Kudensee mit dem Rest des Kudensees, dessen Oberfläche sich ungefähr einen Meter unter dem Meeresspiegel befindet. Früher war dieser See sehr viel größer, wie auf der Preußischen Landesaufnahme gut zu erkennen ist. Beim Bau des Nord-Ostsee-Kanals verlegte man die Kanaltrasse durch das südliche See-Ende und trocknete die angrenzenden Moorgebiete aus, so dass der See bis auf seine heutige Größe schrumpfte. Der Kanal verläuft im südöstlichen Gemeindegebiet zwischen Deichen in einer sehr flachen Marsch- und Moorlandschaft, deren Oberfläche teilweise unter dem Meeresspiegel liegt. Die Verkleinerung des Sees und die Eindeichung des Kanals waren notwendig, um ein Leerlaufen des Kanals in das tiefer liegende Umland zu verhindern.

Feldstraße 8

Kudensee ist wohl erst gegen Ende des 16. Jahrhunderts entstanden und wurde anfänglich „Bien Kudensee", was „beim Kudensee" bedeutet, genannt. Der Ortsname wird auf den nordwestlichen Teil des Kirchspiels Sankt Margarethen zurückgeführt, der „Bei dem Kudensee" hieß. Die Wasserfläche des Kudensees und der Ort Kudensee werden heute durch den Nord-Ostsee-Kanal getrennt. Ursprünglich war der Kudensee sehr viel größer und dehnte sich nach Südosten bis zu den Niederungen um die Brake aus. Heute liegt das Dorf dicht am südöstlichen Kanalufer.

Die Preußische Landesaufnahme zeigt, dass sich das Dorf seit 1878 eher verkleinert hat, denn dem Kanalbau mussten einige Gebäude und Ländereien geopfert werden. Aus diesem Grund befindet sich auch ein kleiner Teil des Ortes jenseits des Kanals auf Dithmarscher Seite. Eine Fähre hält die alte Wegeverbindung von Kudensee nach Averlak aufrecht. Südlich des Ortes sind die Reste des alten Eisenbahndammes zu erkennen, der schon 1877 angelegt und vom Kanalbau unterbrochen wurde. Von 1895 bis 1920 stellte eine Drehbrücke bei Taterpfahl die Verbindung wieder her. Im Zuge der Kanalverbreiterung von 1909-14 sollte auch diese Drehbrücke beseitigt werden, doch erst nach Fertigstellung der Hochdonner Eisenbahnhochbrücke

Fähre Kudensee

Blick vom Nord-Ostsee-Kanal auf Kudensee mit Schöpfwerk und Kudenseer Kanal

Am Lütten Kanol

waren die Voraussetzungen für den Brückenabbruch geschaffen. Auf dem nordwestlichen Kanalufer entstand im Zuge des Kanalbaues das große Pumpwerk am Bütteler Kanal, das den Kudensee und die Moorgebiete entwässert.

Im Ortskern durchzieht der Burg-Kudenseer Kanal das Dorf in Richtung Elbe und erinnert an holländische Grachtendörfer. Zahlreiche reetgedeckte Katen lassen noch viel von der ursprünglichen Atmosphäre des ehemaligen Bauern- und Torfstecherdorfes erahnen. 1765 entstand der Bütteler Kanal zur Entwässerung des Kudensees; er wurde ab 1800 auch als Schifffahrtsweg für Torftransporte genutzt und entwickelte sich zu einem wichtigen Schifffahrtsweg vom alten Burger Hafen über die Burger Au bis zur Elbe. Am nördlichen Ende des Burg-Kudenseer Kanals entwässert ein Schöpfwerk die angrenzenden Feucht- und Moorgebiete in den Nord-Ostsee-Kanal. Ursprünglich befand sich hier eine Schleuse, um die alte Schiffsverbindung von Burg über den damals ebenfalls neu geschaffenen Burger Hafen zur Elbe aufrecht zu erhalten.

Am Lütten Kanol / Kudenseer Kanal

Beim Pumpwerk „Sushörn" kann man den Höhenunterschied zwischen Kanal und tiefer gelegenem Hinterland gut erkennen. Der Kanal verläuft im Grenzgebiet zwischen Steinburg und Dithmarschen durch eine auf Meeresspiegelhöhe oder leicht darunter gelegene Marsch- und Moorlandschaft. Das Pumpwerk entwässert die Niederung der Brake in den Nord-Ostsee-Kanal.

Ecklak wurde urkundlich erstmals um 1319 mit dem Namen „in villa Eclake" erwähnt. Ursprünglich gab es in der Region viele Seen, auch Lachen genannt, und Eichen. So erklärt sich der Ortsname. Er bedeutet „seichtes stehendes Gewässer bei einer Eiche" oder „bei Eichen".

Nahezu das gesamte Gemeindegebiet liegt auf Meeresspiegelhöhe oder etwas darunter. In der benachbarten Gemeinde Neuendorf befindet sich mit -3,5 Metern der geographisch tiefste Punkt Deutschlands. Zahlreiche Entwässerungsgräben durchziehen die flache und häufig baumlose Landschaft. Die Bebauung besteht nahezu ausschließlich aus Katen und Einzelhöfen, die von einander getrennt liegen und sich vor allem an der Hauptstraße wie an einer Perlenschnur aufreihen. Der Ackenboer Moorgraben bildet mit einigen alten Bauernhöfen ein besonders malerisches Ensemble. Ein Blick auf die Preußische Landesaufnahme zeigt, dass diese Bebauungsstrukur schon im Jahr 1878 vorhanden war und sich seitdem kaum verändert hat. Die Landesaufnahme zeigt auch, dass große Teile des Gemeindegebietes damals mit Moorflächen bedeckt waren, die heute trockengelegt sind und

Brokreihe 4

Brokreihe 3

Ackenboer Moorweg 5

landwirtschaftlich genutzt werden. Dies erklärt auch, warum es so viele Neubauten aus der Zeit nach dem Kanalbau gibt, obwohl der Nord-Ostsee-Kanal die westliche Gemeindegrenze nur berührt und deshalb keinen direkten Einfluss auf die Ortsentwicklung ausgeübt hat.

Die Gemeinde zählt flächenmäßig zu den größten des Amtsbezirkes Wilstermarsch und wird von der Landwirtschaft geprägt. Neben dem Hauptort Ecklak gibt es mehrere kleine Ortsteile, die sich aus Einzelhöfen zusammensetzen, so in Seedorf im Westen, in Ecklakerhörn, Brokreihe und Ackenboe im Süden sowie in Austrich und Ecklakhörn im Osten. In den Ortsteilen Ecklakerhörn, Brokreihe und Ackenboe fallen zahlreiche reetgedeckte Einzelhöfe auf, vor deren Hauptfassaden hohe Bäume stehen, um die Hauseingänge vor den starken Winden zu schützen.

Malerisch schlängelt sich die Wilsterau durch die gleichnamige Wilster Marsch und bildet eine gemeinsame Grenze mit der Gemeinde Neuendorf. Um ein Überfluten der tiefer gelegenen Landschaft zu verhindern, ist der Fluss mit hohen Deichen eingefasst. Einige Bauernhöfe liegen auf leichten Anhöhen oder kleinen Warften und grenzen unmittelbar an den Wasserlauf. Ihre Größe zeugt vom einstigen Wohlstand der Wilster Marschbauern.

Hof Austrich 4 an der Wilsterau

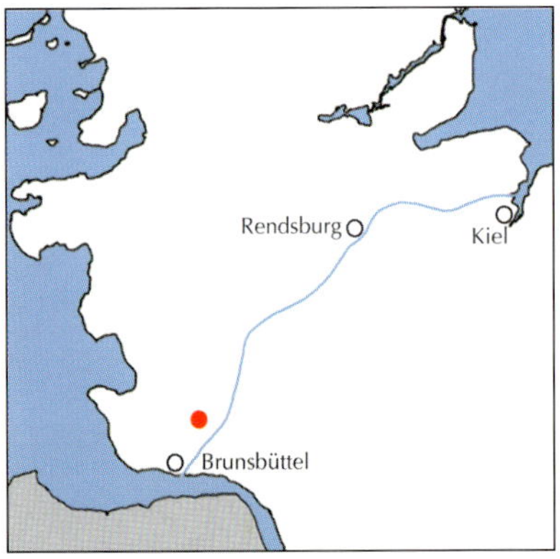

Buchholz liegt auf einem hohen Geestrücken nordwestlich über der flachen Marsch- und Moorlandschaft, die sich vom Geestrand bis zur Elbe erstreckt. Im Gegensatz zu den beiden Nachbarorten Kuden und Burg, die direkt am vorderen Geestrand, also am steil abfallenden Hang zur Marsch liegen, breitet sich Buchholz etwa 1 Kilometer entfernt vom Geestrand in einer hügeligen und landwirtschaftlich genutzten Knicklandschaft aus. Die erst später gegründete Ansiedlung entstand am alten Kirchweg, dem Kaakweg, von Kuden nach Burg. Erste Erwähnungen gehen ins 13. Jahrhundert zurück. Die Erklärung des Ortsnamens ist relativ einfach und bedeutet „Buchengehölz, Buchenwald", zeugt also davon, dass hier ursprünglich große Buchenwälder standen, die heute fast vollständig verschwunden sind und teilweise durch die schneller wachsende Fichte ersetzt wurden.

Das Haufendorf wird von der Hauptstraße, der Landesstraße L 139, dem alten Kirchweg, in der Mitte durchquert und weist zahlreiche bäuerliche Hofanlagen auf, von denen auch heute noch 30 Betriebe als landwirtschaftliche Vollerwerbsstellen geführt werden. Die Preußische Landesaufnahme zeigt, dass sich das Dorf seit 1878 kaum vergrößert hat. Dagegen hat sich der südöstlich am Geesthang gelegene Ortsteil Stubbenberg durch Neubaugebiete so stark erweitert, dass er mit dem Hauptort schon fast zusammen gewachsen ist. Obwohl Buchholz nicht wesentlich gewachsen ist, hat sich sein Aussehen stark verändert. Von den ursprünglich zahlreichen Reetdachhäusern haben sich nur noch

Hofanlage Buchholzermoor 10

Buchholzermoor, Schöpfwerk von 1900

Blick vom Nord-Ostsee-Kanal auf Buchholzermoor und den steil ansteigenden, bewaldeten Geesthang

wenige erhalten, so unter anderem eine große Scheune an der Hauptstraße 21. Das dazugehörige Wohnhaus ist bereits im Stil der Kanalbauzeit errichtet, wie die meisten anderen Höfe und Wohnhäuser in Buchholz, die die typischen Gestaltungsmerkmale der Jahrhundertwende wie flachgeneigte Satteldächer mit Schiefer- oder Pappdeckungen, mit Fensterumrahmungen und Gesimsen gegliederte Fassaden und säulenverzierte Eingangsloggien aufweisen.

Zu empfehlen ist ein Besuch im Ortsteil Buchholzermoor, der auf oder leicht unter Meeresspiegelhöhe liegt. Zuvor muss man jedoch den steilen Geestabhang, den Kleve, mit einer Höhe von 30 bis 40 Metern hinabsteigen. Kurvenreiche Wege und Schluchten führen hinab und vermitteln beinahe das Gefühl, sich in einem Gebirge zu befinden. Dabei handelt es sich um abgelagerten Moränenschutt der Eiszeit, der durch die Ausläufer der Schmelzwasserströme im Elbeurstromtal immer wieder angenagt und dadurch relativ steil gehalten wurde. Diese Schluchtenlandschaft setzt sich im Westen bis St. Michaelisdonn fort, im Osten bis Burg. Unten überquert man nach 500 Metern die Burger Au, die sich hier nahe dem Geestabhang entlang schlängelt und ursprünglich ein wichtiger Schifffahrtsweg von Burg über den Burg-Kudenseer Kanal zur Elbe war, bevor der Nord-Ostsee-Kanal gebaut wurde. Unweit südlich der Au verläuft ein Weg, an dem sich einzelne Höfe angesiedelt haben. Diese Besiedelung konnte erst nach der Trockenlegung der angrenzenden Moorgebiete gegen Ende des 19. Jahrhunderts erfolgen. Von den damals eingesetzten Schöpfwerken, die das Wasser aus den feuchten Niederungen in die Burger Au pumpten, ist heute nur noch eines, nahe dem Hof Buchholzer Moor 5 gelegen, erhalten geblieben. Es wurde um 1900 erbaut und besitzt bis auf die Mühle noch alle technischen Einrichtungen einschließlich der alten Förderschnecke.

Reetdachscheune Hauptstraße 21

Aebtissinwisch wurde urkundlich erstmals um 1541 erwähnt. Hier befand sich die Wisch, die Wiese, der Äbtissin des Klosters von Itzehoe. So erklärt sich auch der Name des Ortes, der ursprünglich „de Wißke" lautete. Ein Blick auf die Preußische Landesaufnahme zeigt, dass die Ortschaft schon 1878 aus einzeln gelegenen bäuerlichen Hofanlagen bestand und seitdem kaum gewachsen ist. Die Landesaufnahme zeigt auch, dass die westliche Hälfte des Gemeindegebietes aus Moorflächen bestand. Dorthin verlegte man auch den Nord-Ostsee-Kanal, der die nordwestliche Gemeindegrenze bildet.

Bemerkenswert ist die Hofanlage Dorfstraße 12, ein lang gestrecktes Wohn- und Wirtschaftsgebäude mit reetgedecktem Krüppelwalmdach, das inmitten eines sehr schönen Bauerngartens noch weitgehend original erhalten ist. Nicht weit entfernt führt ein Sandweg zum „Bollhof" an der Wilsterau, einem ehemaligen Bauernhof, dessen Krüppelwalmdach ebenfalls mit Reet eingedeckt ist und der heute zu Wohnzwecken genutzt wird. Auch die meisten anderen Einzelhöfe sind vor der Kanalbauzeit entstanden und prägen mit ihren hohen Reetdächern das Bild der Kulturlandschaft.

Hier kann man die weitgehend unveränderte Landschaft entlang der Wilsterau genießen. Von hohen Deichen eingefasst, schlängelt sich der Fluss durch die meist ein bis eineinhalb Meter unterhalb des Meeresspiegels liegende und sehr fruchtbare Wilster Marsch. Nur die Einzelhofanlagen stehen ein wenig höher auf kleinen Warften. Die nördliche Grenze zur Gemeinde Burg und zum Landkreis Dithmarschen bildet der Mühlengraben. Ein gut erhaltenes Pumpwerk, ein schlichtes, aber in Form und Gestaltung sehr ansprechendes Gebäude auf quadratischem Grundriss mit einem Pyramidendach, schöpft das Wasser in die höher gelegene Wilsterau.

Pumpwerk Mühlengraben / Wilsterau

„Bollhof" an der Wilsterau

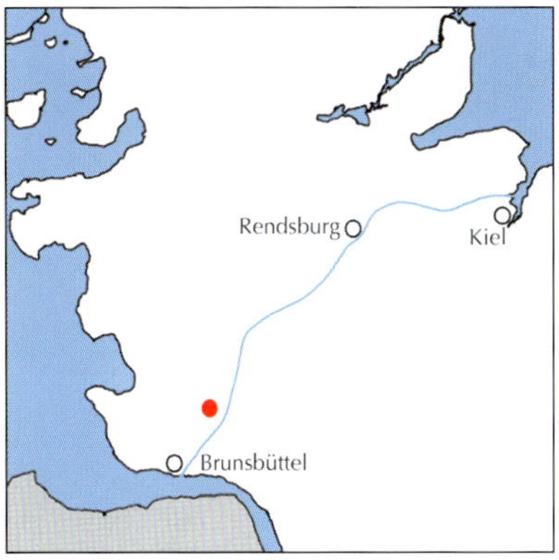

Burg liegt am östlichen Rand eines hohen Geestrückens, der an der westlichen Ortsgrenze beim Hamberg die stattliche Höhe von 65 Metern erreicht. Der Geestrücken fällt zur Marsch steil ab, die am Hügelfuß nur auf Meeresspiegelhöhe liegt. Nirgendwo in Schleswig-Holstein ist der Übergang von der Marsch zur Geest so eindrucksvoll zu erleben wie im Gemeindegebiet von Burg.

Der Name Burg führt auf die im 9. Jahrhundert errichtete Bökelnburg zurück, eine Fluchtburg, die aus einem Erdringwall mit Palisadenwand bestand und die Bevölkerung vor den Angriffen der Franken, Abotriten und Dänen schützen sollte. Diese Anlage ist heute mit einem Ring von alten Buchen umstanden und enthält im Inneren den Ortsfriedhof, der seit 1817 dort angelegt wurde, nachdem die Begräbnisse auf dem alten Kirchhof nicht mehr gestattet waren. Am Friedhofszugang steht eine sogenannte Torkapelle, durch die die Verstorbenen aus dem Kreis der Lebenden in das Totenreich geleitet wurden. Die Burganlage heißt noch heute Bökelnburg, während man den Ort seit dem 16. Jahrhundert Burg nannte. Der Bökelnburg gegenüber entstand später das Ortszentrum, zuerst um den Holzmarkt, später um den Marktplatz. Noch heute verleiht die topographische Situation mit den gewunden ansteigenden Straßen sowie die teilweise noch gut erhaltene alte Bebauung dem Ortskern ein einzigartiges Gepräge.

Um den Marktplatz konzentrieren sich zahlreiche historisch bedeutende Gebäude. Auf dem von alten Bäumen bestandenen alten Kirchhof, der zur Marsch hin steil abfällt, erhebt sich die

Ringwall der Bökelnburg, mit Friedhof und Torkapelle

Am Markt 8, Apotheke von 1839

in der Mitte des 12. Jahrhunderts errichtete St.-Petri-Kirche, die wegen einer wertvollen Reliquie dem Apostel Petrus geweiht war. Der ursprüngliche Feldsteinbau wurde mehrfach verlängert, zuletzt 1902-1903, als die Bevölkerung wegen des Kanalbaus stark angewachsen war. Die Erweiterungen sind mit Ziegeln ausgeführt und anschließend verputzt worden, so dass man nur bei genauerem Hinsehen die unterschiedlichen Bauphasen erkennen kann. Das schlichte Pfannendach wird von einer schlanken Dachreiterlaterne bekrönt. Im Inneren sind die schlichte Holzkanzel von 1621 und das Holzkruzifix aus dem 14. Jahrhundert sehenswert. Frei daneben steht die beeindruckende Holzkonstruktion für das Glockengeläut. Zusammen mit dem zurückliegenden Pastorat, dem Ehrenmal zur Erinnerung an die Gefallenen des Krieges 1870/71 und einer Friedenseiche bildet dieser Bereich ein einzigartiges Ensemble. Dazu zählen auch die nördlich angrenzenden Gebäude Am Markt 8 und 9, die um 1839 errichtete Apotheke mit Krüppelwalmdach und Zwerchhaus sowie das große, reetgedeckte Fachwerkgebäude mit Ziegelausfachungen. Unweit des Marktplatzes weitet sich der Straßenraum im Verlauf der Buchholzer Straße auf und bildet einen dreieckigen Platz,

Am Markt 9

St.-Petri-Kirche

Steilhang der Geest von der Marsch gesehen, mit Wohn- und Villenbebauung Unterm Cleve

der überwiegend von zweigeschossigen Wohn- und Geschäftshäusern des ausgehenden 19. Jahrhunderts umstanden ist und in der Mitte von einer großen Eiche beherrscht wird.

Die Preußische Landesaufnahme zeigt, dass Burg im Jahr 1878 wesentlich kleiner war als heute und sich im Zuge des Kanalbaus seit 1885 erstmalig und nach der Verlegung der Marschbahn seit 1920 noch einmal stark erweitert hat. Heute ist Burg ein bedeutendes Unterzentrum und Verwaltungssitz der Kirchspielslandgemeinde Burg-Süderhastedt, zu der 10 Gemeinden gehören.

Unterm Cleve 101, Villa am Steilhang der Geest

Entlang der am Marschrand verlaufenden Straße Unterm Cleve, was „unter dem steilen Abhang, Abfall" bedeutet und auf den von dort erschlossenen Grundstücken entstanden seit der Jahrhundertwende in einer bereits bebauten Umgebung zahlreiche Wohngebäude und Villen, die einen einzigartigen Blick nach Südosten auf die Marsch bis hin zum Nord-Ostsee-Kanal mit

Bahnhofsgebäude

seinen vorbeifahrenden Schiffen besitzen. Hin und wieder fühlt man sich an den Hamburger Stadtteil Blankenese erinnert, wo auch viele Gebäude am steilen Elbufer stehen und einen einmaligen Blick auf die Elbe bieten.

Seit der Jahrhundertwende bis in die 30er Jahre entstanden die bemerkenswerten Villengebiete nordwestlich des Holzmarktes entlang der Waldstraße bis zum Hamberg, an der Voßallee und an der Bahnhofstraße. Hervorzuheben sind die Abschnitte an der Waldstraße 36 bis 50 und 39 bis 61 sowie ein Gebäudeensemble der 20er Jahre um die Grundschule an der Bahnhofstraße. Am Ende der Bahnhofstraße steht der Bahnhof, der dort 1916-20 in Zusammenhang mit dem Bau der Eisenbahnhochbrücke von Hochdonn erbaut wurde. Gleichzeitig entstanden mehrere Doppelwohnhäuser für Bahnbedienstete sowie eine frühere Gaststätte, die heute als Wohnhaus genutzt wird. 500 Meter östlich des Bahnhofs unterbricht ein hoher Viadukt den Eisenbahndamm, unter dem hindurch man den nördlich gelegenen Ortsteil Lerchenfeld erreichen kann.

Schöpfwerk Vaalermoor mit Wilsterau

Nicht weit vom Burger Steilhang entfernt verläuft südöstlich in der flachen Marsch die Burger Au. Ursprünglich befand sich dort ein Hafen, der über die Burger Au mit der Elbe und der Nordsee verbunden war. Straßennamen wie Am Hafen und Hafenstraße zeugen noch heute davon. Der Hafen musste aufgegeben werden, als die alte Schiffsverbindung über den Kudensee und den Burg-Kudenseer-Kanal bis zur Elbe durch den Bau des Nord-Ostsee-Kanals unterbrochen wurde. An dessen Stelle entstand 1892-95 ein neuer Hafen als großes künstliches rechteckiges Wasserbecken direkt am Kanal bei Kilometer 17,0. Eine Schleuse verband den neuen sogenannten „Burger Auhafen“ am Kanal mit der Burger Au und mit Burg. Da dieser Hafen immer seltener genutzt wurde, schüttete man die Hafenzufahrt mit einem schmalen Erdwall zu. Gegenwärtig bemüht man sich, die im Erdreich vergrabenen Schleusenreste nahe dem ehemaligen Schleusenwärterhaus wieder freizulegen und zur Besichtigung freizugeben.

Zwei Kilometer südwestlich quert die Burger Fähre den Nord-Ostsee-Kanal und hält die alte Wegeverbindung von Burg nach Wilster und Itzehoe aufrecht. Das baumbestandene Nordufer beim Hotel/Restaurant „Burger Fährhaus" lädt zum Verweilen oder zu Spaziergängen und Fahrradtouren entlang des Nord-Ostsee-Kanals ein. In Zusammenhang mit der Fähre entstanden im näheren Umfeld mehrere Wohngebäude für Fährbedienstete. Auf der gegenüber liegenden Kanaluferseite erbaute man Mitte des 20. Jahrhunderts das Schöpfwerk Vaalermoor, eine große Pumpstation, die die überschüssigen Wassermassen aus den Niederungen von Holstenau und Wilsterau in den Nord-Ostsee-Kanal befördert. Abschließend sei noch auf einen behauenen Grenzstein mit der Inschrift „Burg" hingewiesen, der an der Landesstraße L 135 im südöstlichsten Zipfel der Gemeinde Burg die Grenze zum Kreis Steinburg und zur Gemeinde Aebtissinwisch anzeigt.

Burg, Hochdonner Straße 6

Blick vom Nord-Ostsee-Kanal über Marsch- und Moorlandschaft auf den Steilhang der Geest bei Burg

Hochdonn verdankt seinen Namen der hohen Düne, der „hogen donn“, ein ehemals aus dem Marschland herausragender Geesthügel, der sich noch heute im Verlauf des Eisenbahndamms als „Hochdonner Berg“ abzeichnet. Die Preußische Landesaufnahme von 1878 zeigt nur wenige, meist einzeln gelegene Höfe entlang der Alten Dorfstraße, die auf kleinen und flachen Geestinseln über dem feuchten und moorigen Gelände westlich der Holstenau stehen. Der Siedlungsname „Fünfhausen“ bezeugt, dass man damals die Einzelhäuser an einer Hand abzählen konnte. In diesem ältesten Siedlungsteil kann man die meisten Reetdachhäuser aus der Zeit vor dem Kanalbau entdecken. Dort steht auch noch das erste Schulgebäude an der Alten Dorfstraße 30, das heute als Wohnhaus genutzt wird. Das Hochdonner Moor südlich des Ortes ist auch heute immer noch erhalten und weiterhin unbesiedelt. Im Kreuzungsbereich Hauptstraße / Schulstraße war schon damals eine dichtere Ansiedlung vorhanden. Dort durchdringen sich die unterschiedlichen Dorfformen eines „Marschhufendorfes“ und eines „Straßendorfes“. Deshalb besitzt Hochdonn auch keinen richtigen Ortskern.

Storchennest auf dem Schornstein der ehemaligen Meierei

Der Nord-Ostsee-Kanal folgt dem Bachlauf der Holstenau und durchschneidet im Gemeindegebiet von Hochdonn nur Moore und feuchte Niederungen sowie die wichtige Wegeverbindung

Eisenbahnhochbrücke

Windmühle „Aurora“ am Geestrandkanal

Hochdonn,
Eisenbahnhochbrücke

von Itzehoe nach Meldorf, die heutige Bundestrasse B 431, die bei Hochdonn den Kanal quert. Die Beibehaltung dieser bedeutenden Straßenverbindung von Steinburg nach Dithmarschen, die durch eine ständig verkehrende Fähre gesichert ist, begünstigte die Ortsentwicklung, die sich an der Hauptstraße und den angrenzenden Nebenstraßen im späten 19. und frühen 20. Jahrhundert vollzog. Eine weitere Siedlung entstand am Kanal, weil man dort wegen der Hafenanlagen Industriebetriebe und Silos errichten konnte. Beide Ortsteile sind mit der geradlinig verlaufenden Hauptstraße direkt verbunden. Am Nord-Ostsee-Kanal befindet sich neben dem Fähranleger ein kleiner Hafen mit den Siloanlagen und eine große Gastwirtschaft, das „Fährhaus Hochdonn".

Am östlichen Kanalufer unterhalb der Hochbrücke mündet der Geestrandkanal, eine künstliche Wasserstraße, die die angrenzenden Moorgebiete entwässert. Malerisch an diesem kleinen Kanal gelegen, erhebt sich die 1883 errichtete Windmühle „Aurora", deren Umgebung sich durch die Eisenbahnhochbrücke stark verändert hat.

Heute verbindet man mit dem Namen „Hochdonn" immer die Eisenbahnhochbrücke. Zweifellos stellt sie einen besonderen Anziehungspunkt innerhalb der Gemeinde dar. Von Osten und Westen kommend, steigt die Bahnlinie über lange Auffahrtsrampen in der Geest stetig an und überquert die Marsch und den Kanal mit einer langen Gitterfachwerkkonstruktion in der luftigen Höhe von 42 Metern. Gleichzeitig mit der Eisenbahnhochbrücke von Rendsburg zwischen 1909 und 1920 im Zuge der ersten Kanalerweiterung entstanden, unterscheidet sich diese Brücke gestalterisch und konstruktiv erheblich von der Rendsburger Hochbrücke. Die gesamte Anlage ist schon von weitem zu sehen und prägt mit ihren Rampen und Fachwerkgittern die Kulturlandschaft im Übergangsbereich von Marsch zu Geest.

Alte Dorfstraße 84

In der Chronik des Kirchspiels Wacken wird Gribbohm als eine der ältesten Siedlungen der Region erwähnt. Die Schreibweise des Ortsnamens hat sich häufig verändert, genannt wird „Griethboen" oder „Gruetboen", in einer Urkunde von 1538 auch „Grytbon". Wahrscheinlich entstand der Ortsname in Verbindung mit einem Grenz- oder Zollbaum, also mit einem Schlagbaum, der auf dem Geestrand zur Marsch zwischen Holstein und Dithmarschen stand. Das kleine Dorf liegt auf zwei niedrigen Geestrücken, die durch die Niederungen des Forstbaches getrennt werden.

Das Gemeindegebiet grenzt im Westen an die Holstenau, die mit zahlreichen Windungen durch die Marschlandschaft fließt und früher als wichtiger Wasserweg über die Wilsterau bis zur Elbe genutzt wurde. Mit dem Bau des Nord-Ostsee-Kanals hat die Holstenau ihre Bedeutung verloren, weil der Kanal in deren Bachtal gegraben wurde und den Bachlauf an mehreren Stellen durchschnitt. Teile der Holstenau sind aber auf Gribbohmer und Holstenniendorfer Gemeindegebiet noch erhalten geblieben und prägen dort das Bild der Kulturlandschaft.

Reste einer Zufahrtsallee

Wiesengelände am Langenklinter Weg

Gribbohm, Hochdonner Straße 1

Auf der Preußischen Landesaufnahme ist zu erkennen, dass sich der Dorfkern seit 1878 kaum verändert hat. Es gibt mehrere Bauernhäuser und Katen, die noch mit Reetdächern ausgestattet sind oder früher eine Reetdeckung besaßen und aus der Zeit vor dem Kanalbau stammen. Andere Höfe und Wohnhäuser besitzen die typischen Stilmerkmale der Kanalbauzeit mit flachgeneigten Satteldächern und Schiefer- oder Pappeindeckung. Der südlich gelegene Ortsteil wird von einer großen Hofanlage dominiert, die aus einer Zufahrtsallee, einer von Baumreihen eingefassten Rasenfläche, zwei seitlichen Wirtschaftsgebäuden und einem herrenhausartigen Wohnhaus besteht. Der eingeschossige Backsteinbau mit Seitenrisaliten und pfannengedecktem Mansardwalmdach ist offenbar zu Beginn des 20. Jahrhunderts entstanden und deutet auf einen großen landwirtschaftlichen Betrieb hin, dessen Gründung im Zusammenhang mit dem Kanalbau steht.

Nördlich des Forstbaches liegt am Abzweig des Langenklinter Weges ein Wiesengelände, das mit zahlreichen alten Bäumen, einer hohen Lindenreihe und einer Eiche besetzt ist und einen parkähnlichen Eindruck vermittelt. Einige Bäume sind alleeartig angeordnet. Als Teile einer früheren Zufahrtsallee sind sie die letzten Zeugen einer alten Hofanlage, die noch auf der Preußischen Landesaufnahme von 1878 verzeichnet ist.

Das südliche Gemeindegebiet wird durch den Bau der Eisenbahnhochbrücke über den Nord-Ostsee-Kanal (1909-1914) abgeschnitten. Die Zufahrt zur Eisenbahnhochbrücke erfolgt über einen hohen Damm, der bereits außerhalb des Gemeindegebietes beginnt und bis an den Geestrand geführt wird. Das Marschgebiet überquert die Brücke mit einer Fachwerkgitterkonstruktion, da im moorigen Marschland keine hohen Zufahrtsrampen gebaut werden können.

Gribbohm, Dorfstraße 46

Holstenniendorf wurde urkundlich erstmals um 1247 als „Neuthorpe“ erwähnt, später infolge eines Schreibfehlers eines Chronisten „Holsten Indorp“ genannt. In einer Urkunde aus dem Jahre 1602 findet man den Namen „Nindorp“. Er bedeutet „Zum neuen Dorf“. Um es von anderen Dörfern mit gleichem Namen zu unterscheiden, wurde diese in Altholstein gelegene Ansiedlung um den Namen „Holsten“ zu „Holstenniendorf“ ergänzt. Das kleine Haufendorf liegt auf einem Geestrücken dicht über den Niederungen mehrerer Bachläufe und ist von zahlreichen Moorgebieten umgeben. Die von Süden kommende Hauptstraße teilt sich im Ortskern in zwei Richtungen nach Norden und Nordwesten. Die nordwestliche Straße war ursprünglich eine wichtige Wegeverbindung zwischen Holstein und Dithmarschen, so dass diese auch nach dem Bau des Nord-Ostsee-Kanals mit der Fähre Hohenhörn beibehalten wurde. Dort verläuft auch heute noch die Grenze zwischen den Kreisen Steinburg und Rendsburg-Eckernförde auf dem östlichen und Dithmarschen auf dem westlichen Kanalufer.

Ein Blick auf die Preußische Landesaufnahme zeigt, dass sich der Dorfkern im Dreieck von Hauptstraße, Hohenhörner Straße und Dorfstraße seit 1878 kaum verändert hat. Der gewundene Verlauf der Au bildet noch immer die deutlich sichtbare Grenze zwischen der dichteren Dorfbebauung und der aufgelockerten Randbebauung. Das Ortsbild wird von mehreren Bauernhöfen bestimmt, die in den letzten Jahren oft erweitert oder modernisiert wurden. Unter ihnen gibt es einige, die noch mit Reet ein-

Hohenhörner Straße 74

Nord-Ostsee-Kanal bei der Weiche Dückerswisch, Blickrichtung Norden

gedeckt sind oder eingedeckt waren und damit dokumentieren, dass sie vor dem Kanalbau entstanden sind. Andere Gebäude zeigen die typischen Bauformen der Kanalbauzeit mit flachgeneigten Satteldächern oder säulenverzierten Eingangsloggien. Die Ortserweiterung an der Straße nach Hohenhörn besteht aus jüngeren Bauten und einer Wohnsiedlung der Nachkriegszeit. In der Gemeinde gibt es mehrere reetgedeckte Einzelhöfe aus der Zeit vor dem Kanalbau, die das Bild der Kulturlandschaft in eindrucksvoller Weise prägen. Unter diesen Bauten fällt der große Bauernhof östlich an der Hohenhörner Straße 74 besonders auf, der 2,5 Kilometer nordwestlich des Ortskerns steht und wegen seiner großen Länge und dem hohen und reetgedeckten Krüppelwalmdach über die Baumkulisse der Geestlandschaft deutlich hervorragt.

Ebenfalls reetgedeckt liegt auf der anderen Kanaluferseite das um 1911 errichtete Weichenstationsgebäude Dückerswisch. Im Gegensatz zu zahlreichen anderen Bauten entlang des Kanals, die oft nach einheitlichen Gestaltungsprinzipien entworfen wurden, ist dieser Bautyp einmalig, weil er der Heimatschutzarchitektur nahesteht. Der Nord-Ostsee-Kanal folgte im Gemeindegebiet dem Tal der Holstenau, die auch die westliche Grenze bildet. Da man beim Kanalbau auf den gewundenen Bachlauf nicht immer Rücksicht nehmen konnte, schnitt man einen kleinen Teil des westlichen Gemeindegebietes ab, das seitdem wie eine Insel von Wasserflächen umgeben ist, keine Verbindung zur übrigen Gemeinde besitzt und heute nur noch über Hochdonn oder Schafstedt zu erreichen ist.

Weichenstationsgebäude Dückerswisch

Schafstedt liegt in einer hügeligen Geestlandschaft, die im Norden stark bewaldet ist und überwiegend landwirtschaftlich genutzt wird. Der Ortsname bedeutet „Schafstätte" und weist bereits auf diese landwirtschaftliche Nutzung hin. Das Haufendorf erstreckt sich in nordsüdlicher Richtung am Westrand eines Geestrückens direkt über den Niederungen des Mühlenbaches.

Ein Vergleich mit der Preußischen Landesaufnahme zeigt, dass sich das Dorf im Bereich von Hauptstraße, Dorfstraße, Erlengrund und Judenstraße seit 1878 kaum vergrößert hat. Es gibt noch mehrere reetgedeckte Katen in der Judenstraße, die in der Zeit vor dem Kanalbau entstanden sind. Im Zusammenhang mit dem Bau des Nord-Ostsee-Kanals hat sich das Dorfbild erheblich gewandelt. Zahlreiche Hofanlagen werden nicht mehr landwirtschaftlich genutzt und dienen heute anderen Zwecken. Am südlichen Ortsausgang spürt man noch etwas von der früheren Dorfatmosphäre. An der Hauptstraße/Ecke Klosterhof erhebt sich ein großer Bauernhof mit reetgedecktem Wohn- und Wirtschaftsgebäude, das an seiner Straßenfassade einen flachgeneigten Sparrengiebel zeigt. Viele Gebäude des ausgehenden 19. Jahrhunderts zeigen typische Gestaltungselemente der Kanalbauzeit wie flachgeneigte Satteldächer, verzierte Sparrengiebel oder säulengeschmückte Eingangsloggien. An der Weggabelung Dorfstraße/Erlengrund steht die älteste Eiche Dithmarschens. Ihr Alter wird auf 350 Jahre geschätzt. Das bereits 1939 erfasste Naturdenkmal hat einen Stammumfang von 5,83 Meter und eine Höhe von 18 Meter.

Hügelgrab mit Schirmkiefer

Wegweiserstein mit Inschrift

Schafstedt, Klosterweg 4

Nördlich des Dorfes liegen in einem Waldgebiet nahe dem heutigen Friedhof mehrere Hügelgräber. Im Süden gibt es auf einem Feld zwischen Aalborgsweg und Judenstraße ein weiteres Hügelgrab, das von einer großen Schirmkiefer, einem Naturdenkmal, überdacht wird und so die vorgeschichtliche Grabanlage schützt. Die Hügelgräber beweisen, dass das Gebiet um Schafstedt schon in der Steinzeit besiedelt war.

Bei einem Ausflug in das waldreiche Gebiet im Norden der Gemeinde findet man nur wenige hundert Meter hinter dem Rosenhof rechts einen aufrecht stehenden Granitstein, der früher als Wegweiser- oder Grenzstein diente und eine eingemeißelte Inschrift „Schaafstedt WU" zeigt.

Im Süden von Schafstedt wird die Landschaft zunehmend flacher und auch feuchter. Ursprünglich breiteten sich hier große Moorgebiete aus, einige sind noch immer erhalten. Die Ortsteile Hohenhörn und Dückerswisch liegen auf trockenen Geestrücken, die sich nur geringfügig über die Niederungen des Mühlenbachs erheben. Östlich davon befand sich ursprünglich das Tal der Holstenau. Heute verläuft in dem ehemaligen Bachtal der Nord-Ostsee-Kanal. Die ständig verkehrende Kanalfähre Hohenhörn hält eine alte Wegeverbindung zwischen Schafstedt und Schenefeld im Kreis Steinburg aufrecht. Hier sollte man ein wenig verweilen, von der Terrasse des nahe gelegenen Restaurants den Blick auf den Kanal und die vorbeifahrenden Schiffe genießen oder einen Spaziergang auf dem Kanaluferweg unternehmen, entweder nach Norden unter der Autobahnhochbrücke der A 23 hindurch oder nach Süden zur beeindruckenden Eisenbahnhochbrücke von Hochdonn.

Fähre Hohenhörn

Bendorf wird erstmals zwischen dem 13. und 14. Jahrhundert in Urkunden erwähnt. Der Ortsname bedeutet „Dorf des Benno". Ursprünglich gab es neben dem Ort Bendorf noch den eigenständigen Ort Oersdorf. Beide Dörfer lagen deutlich voneinander getrennt am Geestrand über den Niederungen der Iselbek und der Osterfahrbek. Die gegen Ende des 19. Jahrhunderts erbaute gemeinsame Schule steht genau in der Mitte zwischen beiden Orten und ist bereits in der Preußischen Landesaufnahme von 1878 dargestellt. Erst 1938 schlossen sich die beiden Dörfer zur Gemeinde Bendorf zusammen. Westlich der Schule erbaute man das Ehrenmal für die Gefallenen beider Weltkriege in einer schön gestalteten Grünanlage neben dem Oersdorfer Bach. In beiden Orten stehen nur noch wenige reetgedeckte Bauten des frühen 19. Jahrhunderts. Die meisten Gebäude stammen aus der Kanalbauzeit oder sind im Baustil dieser Zeit umgebaut und erweitert worden. Die Gemeinde ist auch heute noch stark bäuerlich geprägt. Es gibt immer noch 23 landwirtschaftliche Betriebe.

Besonders empfehlenswert ist eine Wanderung entlang des Ochsenweges, der von Nordwesten nach Südosten durch die Gemeinde führt und früher den Handelsweg von Husum nach Wedel bildete. Im Gehege „Bondenschiften" und im südlichen

Ochsenweg im Gehege Bondenschiften

Hügelgrab im Gehege Bondenschiften

Ortsteil Lohmühle, Lindhorster Teich

Gemeindegebiet gibt es zahlreiche bronzezeitliche Hügelgräber und Langbetten, die beweisen, dass die Geest schon in vorgeschichtlicher Zeit stark besiedelt war. Ganz im Südosten nahe der Grenze zu Thaden liegt die kleine bäuerliche Ansiedlung Keller. Hier kann man am östlichen Ortsausgang neben dem Ochsenweg eine rechteckige Geländeerhebung erkennen, die von ehemaligen Gräben umgeben ist und die Reste einer mittelalterlichen Burganlage enthält. Diese Anlage ist eine Turmhügelburg oder Fliehburg, die vermutlich eine Vorburg zur Burg in Hanerau war. Am anderen Ortsende südwestlich des ehemaligen Handelsweges erhebt sich ein von Bäumen überwachsenes Hügelgrab.

Nahebei erreicht man den Ortsteil Lohmühle, eine frühindustrielle Ansiedlung am Lindhorster Teich. Der malerisch gelegene Stausee bildete früher das Wasserreservoir für die benachbarte Lohmühle, wird heute zur Fischzucht genutzt und lädt zu einer erholsamen Verschnaufpause ein. Schließlich sei noch auf ein weiteres Hügelgrab hingewiesen, das sich, von Bäumen umstanden, westlich von Oersdorf auf dem Hackelberg, mitten in einer Wiese befindet. Einen sichtbaren Hinweis auf den nahen Nord-Ostsee-Kanal kann man in der Auffahrtsrampe zur Autobahnbrücke im äußersten Süden von Bendorf erkennen.

Die erste urkundliche Erwähnung der Ortschaften Großenbornholt und Lütjenbornholt ist um 1450 gesichert. Dabei bedeutet Bornholt „Holz, Gehölz, Wald – niederdeutsch Holt – an der Quelle". Der Siedlungsplatz am bewaldeten Geestrand ist aber sehr viel älter, wie aus den zahlreichen Hügelgräbern im unmittelbaren Umfeld der Orte zu erkennen ist. Erst 1938 wurden die beiden Dörfer zur Gemeinde Bornholt zusammengeschlossen. Jeder Ortsteil besitzt noch heute sein eigenes Ehrenmal für die Gefallenen der beiden Weltkriege.

Ein Vergleich mit der Preußischen Landesaufnahme zeigt, dass sich die Dörfer seit 1878 kaum vergrößert haben. Der Bau des Nord-Ostsee-Kanals bedeutete einen gewaltigen Eingriff in die Kulturlandschaft, da der Kanal in seiner Trassenführung der Holstenau nahe an der Bornholter Geestkante folgte und dadurch das Gemeindegebiet in seiner ganzen Länge durchschnitt. Heute liegt ein großer Teil der Gemeindefläche auf dem gegenüberliegenden Kanalufer, zu dem es keine direkte Verbindung gibt. Durch den Kanalbau befinden sich die beiden Dörfer aber nicht mehr am entfernten Geestrand, sondern liegen auf einer leichten Anhöhe über der meist befahrenen künstlichen Wasserstraße der Welt und genießen einen einzigartigen Ausblick auf den Kanal und die vorbeifahrenden Schiffe. Im Ortsteil Lütjenbornholt entstanden deshalb bereits mehrere Ferienwohnungen.

Dieser südliche Ortsteil ist sehr viel dichter bebaut und weist noch heute einige schöne Obstwiesen auf, die zur Obstblüte und

Nord-Ostsee-Kanal, Blick zur Hochbrücke von Grünental

Lütjenbornholt, Dorfstraße 51

zur Obstreife ihren besonderen Zauber entfalten. An der Dorfstraße 51 steht der ehemalige Dorfkrug, ein langgestreckter und teilverputzter Backsteinbau mit reetgedecktem Krüppelwalmdach, der behutsam saniert wurde und heute als Wohnhaus genutzt wird. Weitere reetgedeckte Bauernhäuser und Katen prägen die dörfliche Atmosphäre des Ortes. Aber auch der veränderte Baustil der Kanalbauzeit hat im Dorfbild mit flachgeneigten Satteldächern und säulengeschmückten Eingangsloggien seine Spuren hinterlassen.

Großenbornholt hingegen ist großflächiger angelegt. Entlang der ringförmigen Dorfstraße stehen mehrere große Bauernhöfe, die durch ausgedehnte Wiesen- und Weideflächen voneinander getrennt sind. Die meisten Gebäude sind vor der Kanalbauzeit entstanden und wurden später in verändertem Baustil modernisiert. Die Zufahrt zur Hofanlage Dorfstraße 13 ist mit einer alten Lindenallee bepflanzt. Zwischen beiden Dörfern stehen noch zwei ältere Reetdachkaten aus der Zeit vor dem Kanalbau.

Lütjenbornholt, Obstwiese an der Dorfstraße

Beldorf („Dorf auf" oder „bei der Anhöhe") wird urkundlich erstmals um 1447 erwähnt und liegt auf einem Geesthügel über den Niederungen der Gieselau, die die nordwestliche Grenze des Gemeindegebietes bildet. Im Süden liegen ausgedehnte Waldgebiete, die Gehege Aalhoop und Bondenschiften. Im Westen verläuft der Nord-Ostsee-Kanal, der zunächst dem Fluss Gieselau folgt, sich dann in einer großen Biegung nach Süden wendet und die vorhandenen Geesthügel tief durchschneidet. Dieser tiefe Kanaleinschnitt hat die Entscheidung begünstigt, mit einer kombinierten Straßen- und Eisenbahnhochbrücke den Kanal genau an dieser Stelle zu überqueren, ohne lange Auffahrtsrampen anlegen zu müssen. Die alte Eisenbahnstrecke von Neumünster nach Heide verlief zunächst weiter nördlich und ist in der Preußischen Landesaufnahme von 1877 verzeichnet. Ein Teilabschnitt dieser Bahnlinie von 1877 ist im Süden von Beldorf noch zu erkennen.

Leider wurde die 1892 errichtete erste Grünentaler Hochbrücke, die baugleich mit der Levensauer Hochbrücke in Kiel war, 1988 abgebrochen, nachdem die neue Fachwerkgitterbrücke unmittelbar neben der alten Brücke fertig gestellt war. Nur wenige Überreste, die museal aufgearbeitet und beschildert sind, erinnern noch heute an das eindrucksvolle Bauwerk, unter anderem ein Widerlager am Abzweig zum Ortsteil Grünental östlich der Hochbrücke sowie ein Aussichtspunkt am Westufer des Kanals, dort, wo einst der große Eisenfachwerkträger den Kanal überspannte. Westlich der Hochbrücke, nahe der Gemeindegrenze zu Al-

Wegweiserstein am Ochsenweg

Beldorf, Friedenseiche

Neue Hochbrücke Grünental

bersdorf, kann man sich in dem zeitgleich mit der alten Hochbrücke entstandenen Hotel/Restaurant „Zur Hochbrücke" entspannen oder zu ausgedehnten Wanderungen oder Radtouren in die hügelige Wald- und Auenlandschaft der schleswig-holsteinischen Geest oder entlang des Nord-Ostsee-Kanals starten.

Von Nordwesten nach Südosten durchquert der westliche Ochsenweg von Husum nach Wedel das Gemeindegebiet. Nahe dem Hof Aalhoop befindet sich am Wegrand ein alter Wegweiserstein, ein behauener Granitquader mit der Inschrift „Beldorf" und „Keller". Der zweite Name weist auf eine Ansiedlung hin, die weiter südöstlich im Gemeindegebiet von Bendorf liegt.

Der Ortskern Beldorfs liegt 500 Meter nördlich der alten Eisenbahntrasse. Ein Vergleich mit der Preußischen Landesaufnahme von 1877 zeigt, dass sich das Dorf seitdem in seiner Größe kaum verändert hat. Zahlreiche bäuerliche Hofanlagen bestimmen bis heute das Ortsbild. Die Region ist immer noch stark landwirtschaftlich geprägt. Allein im Ortskern von Beldorf gibt es sieben Vollerwerbsstellen und in der ganzen Gemeinde sind es dreizehn. Eine großgewachsene Friedenseiche überdacht die Weggabelung Dorfstraße / Op de Krück. Zahlreiche bäuerliche Hofanlagen und Baumreihen entlang der Dorfstraße und vor einigen Häusern sowie die leicht geschwungene Straße vermitteln im näheren Umfeld der Friedenseiche den Eindruck eines intakten Dorfes. Bemerkenswert sind zwei am südlichen Ortsausgang gelegene Backsteinhäuser mit reetgedeckten Krüppelwalmdächern, die noch in der Zeit vor dem Kanalbau errichtet wurden. Für das Wohngebäude Dorfstraße 44 ist das Baujahr 1867 überliefert. Im früheren Kaufmannshaus Dorfstraße 46 befindet sich heute die Bücherstube. Die meisten anderen Bauernhöfe und Wohnhäuser sind erst gegen Ende des 19. Jahrhunderts entstanden.

Beldorf, ehemaliger Eisenbahndamm

Der Luftkurort Albersdorf liegt eingebettet in einer leicht gewellten Geestlandschaft mit vielen Laub- und Nadelwäldern. Im Süden und Westen durchfließt die Gieselau mit ihrem gewundenen Bachlauf das Gemeindegebiet. Albersdorf bedeutet „Dorf des Altward oder Athalward". Der Ort war ursprünglich ein Haufendorf, gruppiert um die St.-Remigius-Kirche, die 1281 erstmals in Urkunden genannt wird. Die einschiffige Feldsteinkirche mit rechteckigem Grundriss wurde häufiger umgebaut und erweitert. Den früheren hölzernen Glockenturm ersetzte man nach dem Brand von 1866 durch einen neugotischen Turm, der 1966 neu gestaltet wurde. Im saalartigen Kircheninneren sind der geschnitzte Altaraufsatz von 1645-47, die Bronzetaufe von 1470 und die Kanzel von 1621/22 besonders sehenswert. Nördlich schließt sich der große Friedhof mit hohem Lindenkranz an.

Östlich der Kirche liegt der alte Ortskern, der sich auch heute noch im Straßenverlauf gut abzeichnet. An der Oesterstraße stehen mehrere alte Reetdachhäuser, die den früheren Dorfcharakter repräsentieren. Unter ihnen ist das Albersdorfer Bürgerhaus hervorzuheben, ein Dithmarscher Querdielenhaus und ehemaliges Bauernhaus, das 1695 erbaut wurde und damit der älteste Profanbau in Albersdorf ist. Die Oesterstraße endet in einem dreieckigen Platz, auf dem eine Friedenseiche mit Inschriftenstein an den Krieg von 1870/71 erinnert.

Im Vergleich mit der Preußischen Landesaufnahme ist zu erkennen, dass sich Albersdorf seit 1878 stark vergrößert hat. Einen ersten Wachstumsschub erhielt der Ort mit dem Bau der Eisenbahnlinie von 1877, die von Neumünster nach Heide führte und das Kirchdorf an seinem Nordrand umfuhr. Mit dem Bau des Bahnhofs außerhalb des Dorfes entstand die Bahnhofstraße, die eine Ortserweiterung in östliche Richtung einleitete. Einen zweiten Wachstumsschub erhielt Albersdorf, als man nach der 1881 entdeckten eisenhaltigen Quelle eine Kurbadeanstalt, das heutige Kurhotel Ohlen, eröffnete. In dieser Zeit entstanden zahlreiche Villen entlang der Bahnhofstraße bis zum Bahnhof, an der Eichstraße, am Brutkampsweg und am Brutkamp. Bemerkenswert ist

Grünanlage zwischen Mühlenstraße und Süderstraße mit zahlreichen Ehrenmalen und Gedenksteinen

Oesterstraße 8, Bürgerhaus

Kirche St.-Remigius mit Friedhof

vor allem die zweigeschossige klassizistische Villa in der Bahnhofstraße 16, die in einem parkartigen Garten steht.

Eine weitere Wachstumsphase erfuhr Albersdorf mit dem Ruf als „Sommerfrische“ und Altersruhesitz. Der Ort entwickelte sich zum begehrten Wohnsitz für Pensionäre aus der Stadt und für Altenteiler von den großen Dithmarscher Bauernhöfen. In der Zeit um 1900 sind nordöstlich der Bahnlinie viele beachtenswerte Villen zwischen der Waldstraße und der Grossers Allee entstanden. Von Friedrich Scheele und Paul Grosser professionell erschlossen, entsprachen Ortsbild und Baustil dem „Bad-Charakter“, den sich das vergrößerte Kirchdorf nach der Entdeckung der Quelle zulegte. Im Volksmund wurde dieser Ortsteil auch „Millionenviertel“ genannt, in dem heute noch zahlreiche repräsentative Villen original erhalten sind.

Villa im „Millionenviertel“

Auf einer parkartigen Grünanlage zwischen Mühlenstraße und Süderstraße befinden sich zahlreiche Ehrenmale zum Gedenken an die Aufstände und Kriege zwischen 1848/50 und 1939/45. In der Nähe steht am Kreuzungspunkt von Westerstraße, Erholungsweg und Grüner Weg eine Doppeleiche, die 1898 zur Erinnerung an die Erhebung Schleswig-Holsteins gegen Dänemark gepflanzt wurde. Eine zehn Meter hohe Monumentalplastik aus rotem Ziegelstein schmückt die Nordfassade der Wulf-Isebrand-Schule. Dieses 1927 geschaffene Kunstwerk des Bildhauers Hans

Gross stellt einen Bezug zur Schlacht der Dithmarscher Bauern gegen die Dänen vom 17. Februar 1500 her. Es ist dem Dithmarscher Heerführer und Freiheitshelden Wulf Isebrand gewidmet.

Wassermühle am Mühlenteich

Nordwestlich des Ortes liegt der Mühlenteich, der von der Westerau gespeist wird und die unterhalb gelegene Mühle mit Wasser versorgt. Bei dem 1901 umgebauten Wohn- und Wirtschaftsgebäude handelt es sich um ein noch sehr gut erhaltenes technisches Kulturdenkmal, das auch im Inneren seine alte Mühlentechnik bewahrt hat. Alte Karten von Dithmarschen belegen, dass es bereits seit 1500 an diesem Ort eine Wassermühle gab. Auf der Preußischen Landesaufnahme von 1878 ist neben dem Mühlenteich außerdem eine Windmühle verzeichnet.

Die Region um Albersdorf zählt zu den bedeutendsten Siedlungsgebieten Schleswig-Holsteins in der Steinzeit. Im Ort selbst und im näheren Umfeld befinden sich zahlreiche Hügelgräber, Steingräber, Hünenbetten und Langbetten, die alle vorgeschichtliche Begräbnisstätten sind. Besonders hervorzuheben sind das beeindruckende Megalithgrab Brutkamp von 2500 v. Chr. und das in unmittelbarer Nähe zum Kindergarten gelegene Großsteingrab Papenbusch von 2900 v. Chr. Ferner sind in einem kleinen Waldstück östlich der Oesterstraße nahe dem Großsteingrab Papenbusch einige nachgebaute Urnengräber aus der Eisenzeit, zahlreiche Hügelgräber im Waldstück Dreebargen östlich des „Millionenviertels" und schließlich ein weiteres Hügelgrab sowie mehrere Hünenbetten, sogenannte Langbetten, aus der jüngeren Steinzeit um 2700 v. Chr. im Waldgebiet Bredenhoop südlich von Albersdorf zu finden. Dort entsteht auf einer großen Freifläche seit 1991 im Rahmen des Projektes „Archäologisch-ökologisches Zentrum Albersdorf" ein Steinzeitdorf, das den Besuchern alte Lebensweisen und Handwerkstechniken wie Flint schlagen, Feuer machen, Brot backen und vieles mehr anschaulich darstellt und zum Mitmachen anregt.

Blick von der Lindenallee auf den Vierthof

Megalithgrab Brutkamp von ca. 2500 v. Chr.

Südlich des Ortes Albersdorf liegen zwei landwirtschaftliche Höfe, die wegen der Größe und Anordnung ihrer Gebäude, besonders aber auch wegen ihrer Zufahrten über lange Alleen stark an die Gutsanlagen im östlichen Hügelland erinnern. Es handelt sich um die Höfe Brahmkamp und Vierthof. Den Vierthof erreicht man von der Landstraße L 145 aus über eine 400 Meter lange und von alten Linden gesäumte Zufahrtsallee, von der man das um 1900 errichtete herrenhausartige Wohngebäude schon von weitem erblicken kann. Der eingeschossige Putzbau mit neubarockem Schweifgiebel prägt eindrucksvoll die achsiale Zufahrtsallee und die parkartig gestaltete Hofanlage.

Abschließend empfiehlt sich die Besteigung des nahe dem Megalithgrab Brutkamp auf einem Hügelgrab gelegenen 21 Meter hohen Aussichtsturms Kaiserberg. Die 1931 erstmals errichtete Holzkonstruktion wurde zwischenzeitlich durch eine Stahlkonstruktion ersetzt. Von der höchsten Plattform kann man bei klarem Wetter eine herrliche Aussicht auf Albersdorf mit dem Turm der St.-Remigius-Kirche, auf die waldreiche Geestlandschaft und in der Ferne auf die Hochbrücken von Grünental und Hochdonn genießen. Der Nord-Ostsee-Kanal berührt das Gemeindegebiet von Albersdorf nicht und hat auf die Ortsentwicklung nur einen indirekten Einfluss ausgeübt.

Teilnachbau eines Steinzeithauses im Waldgebiet Bredenhoop

Wennbüttel liegt mitten in einer hügeligen und überwiegend landwirtschaftlich genutzten Geestlandschaft, die im Südosten von den Niederungen der Gieselau und im Nordwesten durch große Waldgebiete begrenzt wird. Die Gieselau durchzieht mit zahlreichen Windungen die Wiesenlandschaft des südlichen Gemeindebereichs und bildet gleichzeitig die Gemeindegrenze. Reizvolle und kulturhistorisch äußerst interessante Spaziergänge bieten sich an. Nahe der Gieselau kann man einem Abschnitt des ehemaligen westlichen Ochsenweges von Husum nach Wedel folgen, der hier von Nordwest nach Südost verlief und das Flüsschen querte. Noch heute ist diese Furt mit etwas Geduld zu finden, eine besonders flache, sandige und mit einigen Steinen gekennzeichnete Stelle.

In der Nähe liegt ein 500 Meter langer ehemaliger Eisenbahndamm mit einer vor kurzem instandgesetzten Brücke über die Gieselau. Bis zum Bau der Eisenbahnhochbrücke bei Grünental, also bis zum Bau des Nord-Ostsee-Kanals, verlief hier die alte Bahnstrecke Neumünster-Heide. Seitdem wurde der Streckenabschnitt zwischen Wennbüttel und Beldorf aufgegeben und durch die neue Strecke über die Hochbrücke ersetzt. Etwas weiter südöstlich verläuft der Nord-Ostsee-Kanal, der dem Lauf der Gieselau folgt und das Gemeindegebiet im Südosten tangiert.

Wennbüttel, Wohngebäude an der Dorfstraße

Wennbüttel, Dorfteich

Hügelgrab südlich des Dorfes

Immer wieder stößt man in Wennbüttel und Umgebung auf steinzeitliche Grabhügel. In Dorfnähe sind allein vier eindrucksvolle Hügelgräber zu finden, die sich deutlich von den benachbarten Feldern abgrenzen, weil sie mit Bäumen und Buschwerk bestanden sind. Die vielen Grabhügel beweisen, dass diese Gegend schon in vorgeschichtlicher Zeit stark besiedelt war.

Wennbüttel ist ein sehr schönes Bauerndorf, das am Fuß der Geesthügel dicht über den Wiesen der Gieselau liegt. Der Ortsname bedeutet „Siedlung des Windo, Wende". Noch heute prägen einige große Hofanlagen den Ort. Es gibt mehrere reetgedeckte Katen und Bauernhäuser aus der Zeit vor dem Kanalbau. Die meisten Gebäude zeigen aber die typischen Gestaltungsmerkmale der Kanalbauzeit mit flachgeneigten Satteldächern und säulengeschmückten Eingangsloggien. Bei einem Rundgang durch das kleine Haufendorf spürt man die Ruhe und Harmonie, die dieses Dorf ausstrahlt. Obwohl nicht mehr alle Hofstellen bäuerlich genutzt werden, bestimmt die Landwirtschaft weiterhin das Ortsbild. Alte Baumreihen vor einigen Gebäuden und entlang der Straßen prägen die dörfliche Atmosphäre. Die Weggabelung Dorfstraße/Suhrtweg wird von einer hohen und weit ausladenden Friedenseiche beherrscht. In der Nähe liegt ein kleiner und malerischer Dorfteich, den die Kinder im Sommer als Badestelle nutzen. In der parkartigen Anlage befinden sich außerdem die Gedenksteine für die Gefallenen der beiden Weltkriege. An zahlreichen Stellen außerhalb des Dorfes werden heute noch die Feldzufahrten von zwei behauenen Granitquadersteinen, so genannten Grenzsteinen, markiert.

Wennbüttel, Friedenseiche

Bunsoh, ähnlich wie die Gemeinden Albersdorf und Wennbüttel in einer hügeligen und waldreichen Geestlandschaft gelegen, lädt zu ausgiebigen Wanderungen nicht nur am Nord-Ostsee-Kanal, sondern auch in das große Waldgebiet ein, das im Süden der Gemeinde liegt. Dort kann man zahlreiche Hügelgräber entdecken und den Wald nach vorgeschichtlichen Spuren durchstreifen. Die vielen Hügelgräber in Ortsnähe beweisen, dass Bunsoh ein alter Siedlungsplatz ist, der bereits zur Steinzeit und zur Bronzezeit bewohnt wurde. Der Ortsname lässt sich mit seiner landschaftlichen Lage erklären. Er bedeutet „inselartige Erhebung mit Bäumen oder Wald des Bon(o)".

Ein Blick auf die Preußische Landesaufnahme zeigt, dass sich das Haufendorf seit 1878 deutlich in westliche Richtung vergrößert hat. Der historische Ortskern befindet sich im Osten des Haufendorfes, wo sich Dorfstraße, Schulstraße und Eichstraße kreuzen. Aus der Zeit vor dem Kanalbau haben sich nur noch einige Reetdachkaten erhalten. Die zahlreichen großen Bauernhöfe sind alle erst zur Kanalbauzeit entstanden. Sie bestimmen auch heute noch das Ortsbild, obwohl viele nicht mehr landwirtschaftlich genutzt werden. So befindet sich beispielsweise in dem früheren Bauernhof mit Wohnhaus von 1900 in der Schul-

Bunsoh, Mühlenteich

Nord-Ostsee-Kanal, an der Weiche Fischerhütte

Megalithgrab mit Schalenstein

straße 1 die „Galerie Nordlicht“. An der Wegkreuzung Eichstraße/Süderstraße prägt eine große Friedenseiche mit einem Gedenkstein zur Erinnerung an den Krieg von 1870/71 das Ortsbild. Im Nordosten, etwas außerhalb des Haufendorfes, befindet sich der Mühlenteich, ein malerisch gelegener Stausee, der früher eine Wassermühle speiste. Die auf der Preußischen Landesaufnahme verzeichnete Windmühle des 19. Jahrhunderts gibt es heute nicht mehr.

Zweifellos bildet das Megalithgrab mit Schalenstein den kulturhistorischen Höhepunkt in der Gemeinde Bunsoh. Unweit westlich des Dorfes gelegen, kann man es gut zu Fuß von einem extra eingerichteten Parkplatz an der Landesstraße L 148 erreichen. Dort befindet sich auch ein Hinweisschild des Archäologischen Landesamtes. Das Großsteingrab, auch Ganggrab genannt, stammt aus der Jungsteinzeit ca. ab 3500 v. Chr. In den westlichsten Deckstein sind zahlreiche Schälchen eingearbeitet. So erklärt sich auch die Bezeichnung „Schalenstein“. Der Stein gilt als der interessanteste seiner Art in Schleswig-Holstein.

Der Nord-Ostsee-Kanal berührt das Gemeindegebiet nur im Südosten, wo die Kanalfähre Fischerhütte die Kreise Dithmarschen und Rendsburg-Eckernförde miteinander verbindet.

Bunsoh, Schulstraße 1

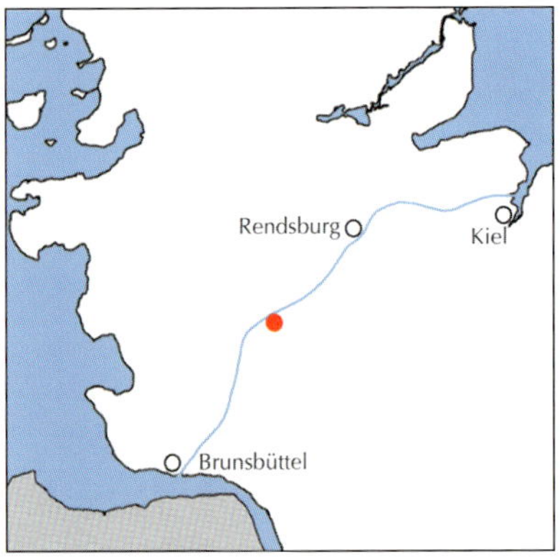

Steenfeld bestand ursprünglich aus den drei Dörfern Steenfeld, Liesbüttel und Pemeln, die alle auf Geesthügeln liegen und von den Niederungen der Gieselau umgeben sind. Der mäandrierende Flußlauf bildete die nordwestliche Grenze des Siedlungsgebietes. Auf der Preußischen Landesaufnahme von 1877 sind die isolierte Lage der drei Dörfer und der gewundene Verlauf der Gieselau gut zu erkennen. Steenfeld wurde um 1148 erstmals urkundlich erwähnt und bedeutet „Steinfeld" oder „steiniges Feld". Unter dem Ortsnamen Liesbüttel kann man „Siedlung des Lies" verstehen und Pemeln bedeutet „Siedlung des Pemmo". Beim Bau des Nord-Ostsee-Kanals verlegte man die neue Kanaltrasse genau in die Niederung der Gieselau und veränderte damit die Kulturlandschaft auf entscheidende Weise. Die nordwestliche Gemeindegrenze folgt weiterhin dem ehemaligen Flusslauf, liegt heute aber überwiegend innerhalb der Wasserflächen des Kanals. Einige Gemeindeflächen befinden sich noch auf dem nördlichen Kanalufer.

„Feldhusenhof" in Steenfeld

Friedenseiche mit Gedenkstein in Liesbüttel

Fähre Fischerhütte

An drei Weggabelungen in Liesbüttel stehen drei Friedenseichen, die die früher selbständigen Dörfer symbolisieren. Seit 1938 sind die Dörfer zu einer Gemeinde zusammengefasst. Die ehemalige Schule lag ebenso wie die Meierei und die Schmiede zentral im Ortsteil Spann, der damals zu Liesbüttel gehörte. Auch das später errichtete Ehrenmal für die Gefallenen beider Weltkriege entstand dort. Alle drei Orte waren ursprünglich landwirtschaftlich geprägt. Einige Katen und Hofanlagen zeugen noch von dieser ländlichen Struktur. Obwohl es auch mehrere Gebäude aus der Kanalbauzeit gibt, haben sich die Dörfer seit der Preußischen Landesaufnahme von 1877 kaum vergrößert. Unter den Bauernhöfen ist der westlich des Dorfes Steenfeld gelegene „Feldhusenhof" hervorzuheben, der 1779 erbaut wurde. Das reetgedeckte Fachhallenhaus ist vorbildlich saniert und präsentiert sich in gepflegtem Zustand.

Im Nordwesten grenzt das Gemeindegebiet an die Gemeinden Bunsoh und Offenbüttel, die in Dithmarschen liegen. Der Nord-Ostsee-Kanal folgt in seinem Verlauf weitgehend diesen Gemeinde- und Kreisgrenzen. Der Name des Ortsteils Fischerhütte weist darauf hin, dass vor dem Kanalbau in der Gieselau Fischfang betrieben wurde. Heute hat die Kanalfähre diesen Namen übernommen und sichert eine kontinuierliche Verbindung zu den nördlich gelegenen Nachbargemeinden. Eine an Land aufgestellte alte Kettenfähre veranschaulicht, wie früher die Fähren betrieben wurden.

Alte Kettenfähre Fischerhütte

Offenbüttel bedeutet „Siedlung, des Offo oder Offe" und liegt am Ostrand eines nach Norden leicht ansteigenden Geestrückens über den Niederungen der Gieselau. Durch diese Niederungen, die fast auf Meeresspiegelhöhe liegen und lange Zeit unbesiedeltes Moorgelände waren, führt heute der Nord-Ostsee-Kanal, der das Tal der Gieselau nutzt. Die südliche Gemeindegrenze, die zugleich die Grenze zwischen den Kreisen Dithmarschen im Norden und Rendsburg-Eckernförde im Süden bildet, folgt dem früheren Verlauf der Gieselau, die heute im Bett des Nord-Ostsee-Kanals verschwunden ist.

Das Dorf Offenbüttel war früher eine ausschließlich bäuerliche Siedlung, die sich seit dem Ende des 19. Jahrhunderts kaum vergrößert hat. Zahlreiche Hofanlagen, die in dem Haufendorf zu finden sind, werden nicht mehr im ursprünglichen Sinn genutzt. Die aus heutiger Sicht abgelegene Lage des Ortes zu den nächst gelegenen Städten Heide und Rendsburg führte zur Abwanderung der jungen Generation und zur Überalterung der verbliebenen Bewohner. Es gibt noch mehrere reetgedeckte Gebäude, die vor dem Kanalbau entstanden sind. Viele Bauten zeigen aber auch schon die typischen Gestaltungselemente der Kanalbauzeit. Am südlichen Ortseingang steht rechts ein stattlicher Hof mit Wohnhaus zur Hauptstraße und großem Stall- und Scheunengebäude zur Oesterstraße orientiert, die beide unter reetgedeckten Krüppelwalmdächern zusammengefasst sind. Schon 1871 errichtet, zeigt das Wohnhaus mit seiner übergiebelten Eingangsloggia bereits charakteristische Stilmerkmale der Kanalbauzeit. Hohe Kastanien schirmen das Anwesen zur Hauptstraße ab.

Pferdekoppel in Offenbüttel

Von Offenbüttel aus empfiehlt sich ein Rundgang in Richtung Osten zum Ortsteil Dammsknöll. Diese ebenfalls rein bäuerliche Siedlung erstreckt sich auf einem 5 Meter hohen und 1500 Meter langen und schmalen Geestrücken, der in die feuchte Niederung der Querenbek hineinragt. Das am westlichen Siedlungsende gelegene Wohnhaus des „Hofes Ulenflucht" dokumentiert mit seiner gegliederten Straßenfassade und säulengeschmückter

Ortsteil Dammsknöll, „Hof Ulenflucht"

Eingangsloggia den Einfluss, den der Bau des nahen Nord-Ostsee-Kanals auf die gestalterische und wirtschaftliche Entwicklung dieses Dorfes ausübte. Die Straße führt durch den Ort bis zur Querenbek und folgt dann dem Bachlauf bis zum Uferweg am Nord-Ostsee-Kanal, von dem sich interessante Ausblicke auf den Kanal und die Kanalschifffahrt ergeben. Der Uferweg wird in östlicher Richtung von dem 1937 erbauten Gieselau-Kanal unterbrochen, der eine Verbindung zwischen Eider und Nord-Ostsee-Kanal herstellt. Hier verläuft die Grenze zum Kreis Rendsburg-Eckernförde und zur Gemeinde Oldenbüttel. Dem Kanaluferweg nach Westen folgend, erreicht man die Fährstation Fischerhütte auf Bunsoher Gemeindegebiet, von der man entweder über die Fähre einen Abstecher in die südlich angrenzende Gemeinde Steenfeld unternehmen oder über die Landesstraße L 131 zum Ausgangspunkt der Rundtour zurückkehren kann.

Hauptstraße 2

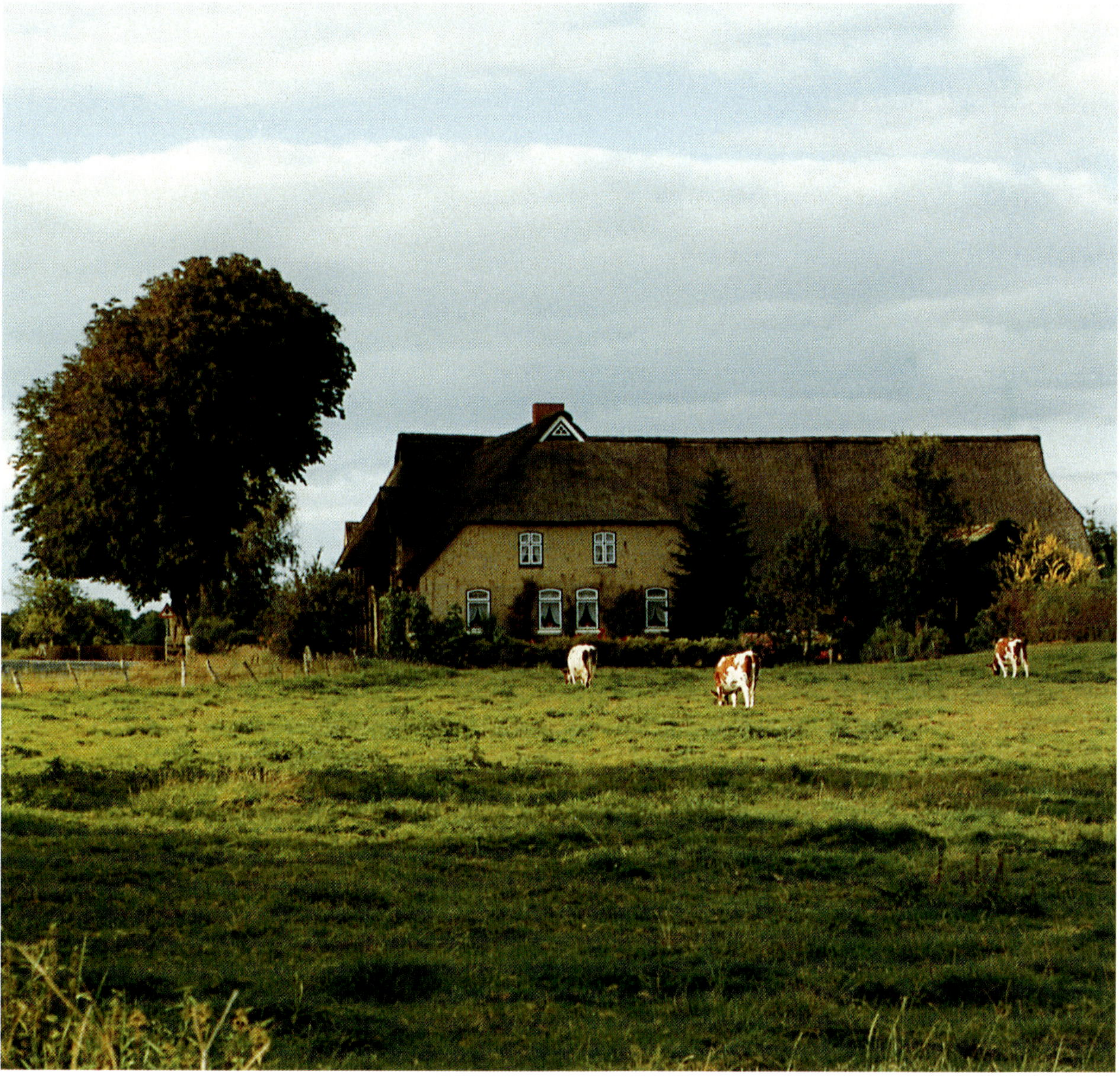

Oldenbüttel bedeutet „Zum alten Büttel" oder „Zur alten Siedlung" und weist darauf hin, dass der Ort altes Siedlungsgebiet ist. Das Dorf lag ursprünglich auf einem schmalen Geestrücken zwischen dem großen Reitmoor im Osten und der Gieselau im Westen. Das Gemeindegebiet reichte im Norden bis zur Eider. Diese isolierte Ortslage ist auf der Preußischen Landesaufnahme von 1877 gut zu erkennen. Durch den Bau des Nord-Ostsee-Kanals haben sich die Situation der Gemeinde und die Lage des Dorfes sehr verändert. Heute reicht der Ort bis an das südliche Kanalufer. Wenn man Oldenbüttel von einem Kanalschiff aus betrachtet, spürt man deutlich wie eng das Dorf mit dem Kanal verbunden ist.

Der historische Ortskern befindet sich an der Weggabelung von Dorfstraße und Tackesdorfer Straße, die ungefähr 500 Meter vom Kanalufer entfernt liegt. Dort stehen auch die meisten reetgedeckten Gebäude aus der Zeit vor dem Kanalbau. Nach Vollendung des Nord-Ostsee-Kanals hat sich der Ort bis zum Kanalufer erweitert. Die gegen Ende des 19. Jahrhunderts entstandenen Bauten zeigen die charakteristischen Gestaltungsmerkmale der preußischen Zeit mit flachgeneigten Satteldächern, Eckrustizierungen und Eingangsloggien. Zu Beginn des 20. Jahrhunderts sind außerdem Siedlungsbauten für Kanalbedienstete an der Fährstraße entstanden.

Oldenbüttel, Fähranleger und Fährstraße, gesehen von einem „Traumschiff"

Gieselau-Kanal und Gieselau-Schleuse

Besonders interessant ist ein Besuch des nördlichen Gemeindebereichs, der durch den Kanalbau vom südlichen Gemeindegebiet abgetrennt wurde. Dort verbindet seit 1937 der damals errichtete Gieselau-Kanal, benannt nach dem Flüsschen Gieselau, den Nord-Ostsee-Kanal mit der Eider. Nach Aufgabe der Schleusen zwischen Ober- und Untereider in Rendsburg übernahm dieser Kanal die Schiffsverbindung über die Eider zur Nordsee. Auf halber Strecke des 2,5 Kilometer langen Durchstichs befindet sich eine Schleuse. Sie gleicht die unterschiedlichen Wasserstände von Eider und Nord-Ostsee-Kanal aus. Die Schleusenkammer ist 70 Meter lang und 9,50 Meter breit. Die Schleusentore werden nach holländischem Vorbild an Portalen hochgeklappt. Ein Spaziergang entlang des Kanals, eine Besichtigung der Schleuse oder eine Bootstour über die Eider bis nach Rendsburg sind sehr zu empfehlen. Sowohl der Kanal als auch große Abschnitte der Eider sind eingedeicht, um das häufig unter dem Meeresspiegel gelegene Hinterland vor Überschwemmungen zu schützen. Bis zum Bau der zeitgleich mit dem Gieselau-Kanal entstandenen Nordfelder Schleuse wirkten sich die Gezeiten der Nordsee in der Untereider bis nach Rendsburg aus.

„Schwebendes Schiff“ über Oldenbütteler Wiesen

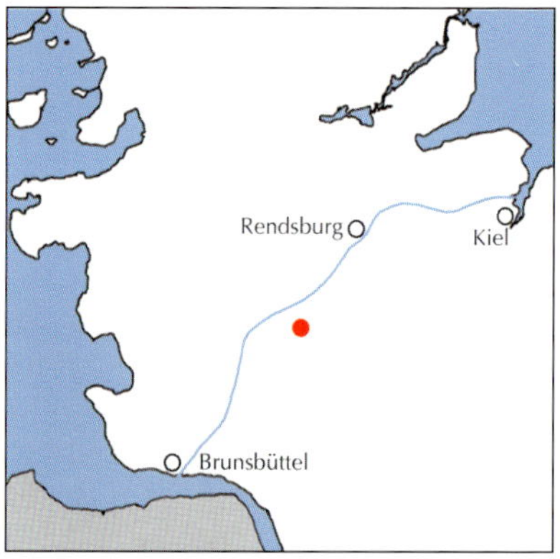

Lütjenwestedt wird urkundlich erstmals um 1447 erwähnt. Der Ortsname bedeutet „kleine Waldstätte" oder „kleiner Siedlungsplatz im Walde", vielleicht auch „kleines Heiligtum". Für die ersten Deutungen könnte sprechen, dass das Haufendorf auf einer Geestinsel liegt, die ursprünglich bewaldet war und auf der sich auch heute immer noch mehrere kleine Waldgebiete befinden. Die Preußische Landesaufnahme von 1877 zeigt deutlich, dass sich der Ort seit dem Ende des 19. Jahrhunderts in seiner Flächenausdehnung kaum verändert hat. Schon damals war Lütjenwestedt ein großes Haufendorf mit unregelmäßig angelegtem Grundriss. Zahlreiche Bauernhöfe prägen auch heute noch das Dorfbild, obwohl viele Anwesen nicht mehr landwirtschaftlich genutzt werden.

Beim Rundgang durch das Dorf wird der unregelmäßige Grundriss des Haufendorfes deutlich sichtbar. Trotz zahlreicher Umbauten, Erweiterungen und Modernisierungen findet man mehrere Katen und Hofanlagen, die noch mit Reetdächern ausgestattet sind oder deren Krüppelwalmdächer ursprünglich mit Reet eingedeckt waren. Diese Gebäude gehören der Zeit vor dem Bau des Nord-Ostsee-Kanals an. Obwohl der Kanal das Gemeindegebiet nur im äußersten Norden berührt, hat es die Bautätigkeit im Ort nachhaltig beeinflusst. Dies ist an den zahlreichen Gebäuden zu erkennen, die flachgeneigte Satteldächer oder säulengeschmückte Eingangsloggien besitzen. Diese Gestaltungselemente haben sich erst gegen Ende des 19. Jahrhunderts in Schleswig-Holstein durchgesetzt.

Bemerkenswert ist die Schulstraße, die durch die Wurthstraße im Süden und den Kirchweg im Norden begrenzt wird. Das reetge-

Haaler Au mit Deichen

deckte Wohngebäude Schulstraße 5 ist nachweislich die erste Schule Lütjenwestedts. Das gegenüberliegende Wohnhaus Schulstraße 8 mit der säulengeschmückten Eingangsloggia ist um 1900 entstanden und gehört zur Gruppe der Bauten aus preußischer Zeit. Den nördlichen Abschluss der Straße bildet eine platzartige Anlage, die mit großen Eichen besetzt ist. Dort steht auch eine Doppeleiche als besonderer Gedenkbaum mit einem Gedenkstein und der Inschrift „OP EWIG UNGEDEELT – Zur Erinnerung an die Erhebung Schleswig-Holsteins 1848-51 – gerichtet 24. März 1908“ und symbolisiert die beiden Landesteile Schleswig und Holstein, die untrennbar miteinander verbunden sind. Nördlich schließt sich das Ehrenmal zur Erinnerung an die Gefallenen beider Weltkriege an.

Die Wasserläufe Fuhlenau und Haaler Au bilden die Grenze zu den östlich gelegenen Gemeinden Beringstedt und Haale. Um das flache und sehr niedrig gelegene Land vor Überschwemmungen zu schützen, wurde die Haaler Au über lange Strecken eingedeicht. Südlich der Landesstraße L 127 steht das 1953 eingerichtete Schöpfwerk der Fuhlenau. Der Wasserspiegel dieser Au ist deutlich niedriger als das Niveau der Haaler Au, so dass das Pumpwerk überschüssige Wassermassen der Fuhlenau in die Haaler Au hochpumpt. Die Haaler Au mündet heute in den weiter nördlich verlaufenden Nord-Ostsee-Kanal. Vor dem Kanalbau floss die Haaler Au westlich von Breiholz direkt in die Eider.

Reetdachkate Schulstraße 2

Doppeleiche mit Gedenkstein

Wie ein Keil schiebt sich das Gemeindegebiet von Tackesdorf von Norden in das Gebiet der Gemeinde Lütjenwestedt hinein, so dass diese Gemeinde nur wenige Berührungspunkte mit dem Nord-Ostsee-Kanal besitzt. Tackesdorf ist eine sehr junge Gemeinde. Das große Reitmoor lag südlich der Eider zwischen der Haaler Au im Osten und Gieselau im Westen und war nicht besiedelt. Der neue Nord-Ostsee-Kanal führte mitten durch das Reitmoor und bewirkte, dass das Moor um die Jahrhundertwende trockengelegt, kultiviert und ab 1906 besiedelt wurde. An zwei parallel verlaufenden Straßen legte man bis in die 30er Jahre des 20. Jahrhunderts Einzelhöfe an. Anfänglich vom Forst Barlohe verwaltet, wurde die Landgemeinde Tackesdorf 1927 offiziell gegründet. Da das Gemeindegebiet dem ehemaligen Reitmoor entspricht, liegen Teile des Gemeindegebietes auch auf dem nördlichen Kanalufer, ohne dass direkte Verbindungen zwischen den beiden Gebieten bestehen. Ursprünglich bestand die Gemeinde aus 20 Bauernhöfen und einer Schule. Heute gibt es nur noch vier ländliche Vollerwerbs- und einige Nebenerwerbsbetriebe.

Vom Nord-Ostsee-Kanal in der Mitte getrennt, teilt sich die Gemeinde in zwei Bereiche, Tackesdorf-Nord und Tackesdorf-Süd. Ganz im Norden nahe der Grenze zu Breiholz und der dort fließenden Eider befindet sich in einem kleinen Waldstück ein Kriegerdenkmal, das an die Gefallenen des ersten Weltkrieges erinnert. Erst 1973 wurde der sogenannte „Steinerne Krieger" aufgrund vorangegangener massiver Proteste einiger Flensburger Pastoren aus der Kirche St. Marien in Flensburg an diesen Standort versetzt. Es handelt sich um ein Werk des Bildhauers Ludolf Albrecht (1884-1955), der seit 1919 Lehrer an der Kunstgewerbeschule in Hamburg, Leiter der Bildhauer-Abteilung und von 1930-1933 Vorsitzender der Hamburger Künstlerschaft war.

„Steinerner Krieger"

Zwei Schiffe begegnen sich auf dem Kanal; so eng kann es werden ...

Breiholz wurde urkundlich erstmals um 1447 erwähnt. Für den Ortsnamen gibt es zwei Deutungen: „Wald, Gehölz an der Breite, an einem breiten Landstück“ oder „Flechtholz, Wald, dem man Holz zum Flechten entnimmt“. Beide Deutungen mögen zutreffen. Der Ort lag vor dem Bau des Nord-Ostsee-Kanals zwischen der Eider im Nordwesten und dem Meckel-See im Südosten. Quer durch den früheren See verläuft heute der Kanal und weitet sich im Bereich der ehemaligen Wasserfläche zu einer kreisförmigen Kanalweiche auf. Nördlich des Kanals erstreckt sich das Dorf auf einem schmalen Geestrücken, der im Nordwesten von den Windungen der Eider begrenzt wird. Vergleicht man die heutige Ortslage mit der Darstellung auf der Preußischen Landesaufnahme von 1877, so kann man erkennen, dass sich Breiholz seitdem kaum vergrößert hat. Nahezu die gesamte Hauptstraße und die Seitenstraßen waren auch damals schon bebaut. Am nordöstlichen Ende des Geestrückens lag das früher eigenständige Dorf Lohklint, das heute als getrennt gelegener Ortsteil zur Gemeinde Breiholz gehört.

Schon im Mittelalter besaß Breiholz einen bedeutenden Hafen, da die Eider mit einer Flussschleife die Siedlung am Geestufer berührte und damit die Voraussetzung für einen geschützten

Abendstimmung an der Eider

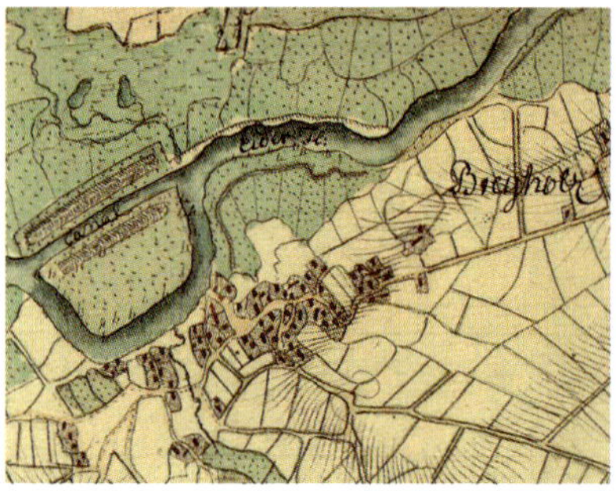

Breiholz; Ausschnitt der Varendorfschen Karte (1789–1796)

Schiffsliegeplatz schuf, der weit entfernt vom Meer lag und während der stürmischen Wintermonate einen sicheren Schutzhafen bot. Mit dem Bau des Eiderkanals wuchs die Bedeutung des Breiholzer Hafens, da nun nicht nur die Eiderschiffe nach Rendsburg und Flemhude den Hafenort passierten, sondern auch die Kanalschiffe, die bis nach Holtenau oder Kiel fuhren. Während sich Nübbel seinerzeit zu einem bedeutenden Werft- und Schiffbaustandort entwickelte, ließen sich in Breiholz und Lohklindt immer mehr Schiffseigner nieder. Breiholz wurde zum Heimathafen zahlreicher Eiderschiffe.

Die an Breiholz vorbeiführende Eiderschleife ließ sich nur schwer besegeln. Deshalb begradigte man den Flusslauf während der Bauarbeiten für den Eiderkanal und verkürzte die Eider nordwestlich von Breiholz. Es entstand ein gerader Durchstich, der seitdem das Flussbett bildet. Zwischen Eiderschleife und Durchstich entstand eine Insel mit fruchtbarem Boden, der „Roompott“, nach dem heute eine Straße im Ort benannt ist. Noch lange befand sich an dieser Eiderschleife der Breiholzer Hafen. Zahlreiche alte und reetgedeckte Räucherkaten an der Straße In de Bucht zeugen davon. Auf der Preußischen Landesaufnahme ist der ursprüngliche Flusslauf noch deutlich zu erkennen. Inzwischen ist dieser fast vollständig verlandet. Nur tiefer gelegene Wasserflächen sowie ein schmaler Entwässerungsgraben lassen den ehemaligen Verlauf der Eider noch erahnen.

Reger Schiffsverkehr auf dem Nord-Ostsee-Kanal; die Fähre sucht sich ihren Weg

Beim Rundgang durch das Dorf kann man überall alte Bauten entdecken, vor allem zahlreiche, meist reetgedeckte Katen, die noch heute die damalige Größe und wirtschaftliche Bedeutung des Ortes bezeugen können. Besonders reizvoll erhebt sich das

Abendstimmung am Nord-Ostsee-Kanal; Kreuzfahrtschiff „Maxim Gorki" an der Weiche Breiholz

hinter altem Baumbestand verdeckt gelegene Anwesen an der Hauptstraße 47, ein eingeschossiger, reetgedeckter Gelbziegelbau aus dem Jahre 1798. Ebenso lohnend ist ein Abstecher in die bereits erwähnte Straße In de Bucht oder in den Thorhof.

Der Nord-Ostsee-Kanal durchschneidet das Gemeindegebiet in südwestlich-nordöstlicher Richtung und trennt den südlich gelegenen Ortsteil Meckelmoor und den Hof Claustal ab. Eine Kanalfähre hält die alte Wegeverbindung zwischen den Kanalufern aufrecht und verknüpft die südlichen Gemeindegebiete mit dem Dorf Breiholz. An beiden Kanalufern bieten sich Möglichkeiten für ausgedehnte Spaziergänge oder Fahrradtouren. Am Nordufer findet man nahe der Signalstation Breiholz eine 1995 anlässlich des 100jährigen Kanaljubiläums gepflanzte Eiche. Sie markiert die Mitte des Nord-Ostsee-Kanals bei Kilometer 49,5 zwischen Brunsbüttel und Kiel. Unweit davon steht ein Schöpfwerk, das die nördlich des Kanals gelegenen Feuchtgebiete des früheren Meckel-Sees entwässert.

Breiholz, Hauptstraße 47

Bei einem Vergleich des Dorfes Haale mit anderen Gemeinden entlang des Nord-Ostsee-Kanals zeigt sich, dass es neben dem Dorfkern Haale mehrere weitere Ortsteile gibt. Offensichtlich handelt es sich hierbei um frühere kleine Flecken oder Einzelhöfe, die erst in jüngerer Zeit zu einer größeren Siedlung zusammengewachsen sind. Dazu zählen in der Gemeinde Haale die Ortsteile Schulberg, Knüll, Ziegelhof, Marsch, Koppelreihe, Wettersberg, Krambek, Steinberg und Lust. Das Gemeindegebiet grenzt nördlich nur in dem Bereich an den Nord-Ostsee-Kanal, in dem früher der Meckel-See lag, der durch den Kanalbau beseitigt wurde.

Beim Ortsteil Lust fand wahrscheinlich die erste Besiedelung im Gemeindegebiet Haale statt. Zwischen 1180 und 1340 entstand dort die Burg beziehungsweise das Vorwerk Hahle. Genaue Urkunden über die Entstehungszeit liegen nicht vor. Ebenso unsicher ist, ob sich hier ein befestigtes Zollhaus oder eine burgähnliche Anlage befand. Der Standort war offenbar nach strategischen Gesichtspunkten gewählt. Auf einer Altmoräne über den Niederungen der Haaler Au und der Haarbek gelegen und rundum von landesherrlichem Besitz umgeben, lag der Ort direkt an der Straße von Rendsburg über Hamweddel nach Hanerau und Meldorf. Der Zweck der Ansiedlung war eine enge Verbindung aller Burgen an der Grenze zu Dithmarschen mit folgenden Zielen: Beherrschung des Landes, Schutz vor feindlichen Übergriffen, Kontrolle des Handels und Stützpunkt der schauenburgischen Ausdehnungspolitik. Auch heute ist für den Laien leicht erkennbar, dass es sich bei dem noch vorhandenen länglichen Teich zwischen der Landesstraße L 127 und dem Ortsteil Lust um Reste eines ehemaligen Burggrabens handelt. Weitere, tiefer

Reste einer ehemaligen Burg bei Lust

Friedenseiche im Ortsteil Koppelreihe

gelegene, meist jedoch ausgetrocknete Abschnitte auf dem Weideland bilden Kreisformen. Auch sie gehören zu einer ehemaligen Grabenanlage, die die frühere Burg, die Turmhügelburg oder die Motte umgaben.

Nahebei liegt der Dorfkern von Haale. Für den Ortsnamen gibt es verschiedene Erklärungen. Es handelt sich um eine Terrainbezeichnung und bedeutet entweder „Schwanz" (dänisch), „Kesselhaken" (mittelniederdeutsch), „Ecke, Winkel" (altenglisch) oder aber „Loch, Öffnung". Bemerkenswert ist das große, an der Nordseite der Schulstraße gelegene Ehrenmal für die Gefallenen beider Weltkriege. Die Größe und Gestaltung der längsrechteckigen, von Lindenreihen streng gesäumten Anlage erinnert an einen Ehrenhof.

Im Ortsteil Koppelreihe befindet sich auf einer Weggabelung eine große, sehr schön gewachsene Friedenseiche. Die Inschrift „OP EWIG UNGEDEELT" auf einem 1908 aufgestellten Gedenkstein stellt einen Bezug zum Gedenkbaum her und erinnert an die Erhebung Schleswig-Holsteins von 1848.

Ganz im Südwesten der Gemeinde liegt der Hof Krambek, ein ehemaliger bäuerlicher Betrieb. Heute präsentiert sich der Bau nach aufwendiger Sanierung wieder in originaler Gestalt als eingeschossiger roter Ziegelbau mit reetgedecktem Krüppelwalmdach.

Hof Krambek

Hörsten ist bezüglich der Einwohnerzahl eine der kleinsten Gemeinden am Nord-Ostsee-Kanal und hat sich seit der Preußischen Landesaufnahme von 1877 in seiner Ausdehnung nur geringfügig verändert. Das Gemeindegebiet besteht überwiegend aus feuchten Wiesen- und Weideflächen und grenzt sich von den Nachbargemeinden durch natürliche Wasserläufe ab: Im Nordwesten von der Gemeinde Hamdorf durch die Eider, im Südwesten von den Gemeinden Breiholz und Hamweddel durch die Luhnau und im Nordosten von der Gemeinde Schülp durch die Jevenau. Mit dem Bau des Nord-Ostsee-Kanals wurden auch die natürlichen Verbindungswege zur Gemeinde Jevenstedt im Osten abgetrennt. Somit ist Hörsten heute vollständig von künstlichen und natürlichen Wasserflächen umgeben. Nur wenige Gemeindeflächen liegen höher und somit trockener als die feuchten Wiesen und Weiden. „Hörsten" ist die Mehrzahl des Wortes „Hörst", eine Nebenform von „Horst", und bedeutet, etymologisch verwandt mit „Hürde", „Gestrüpp, Buschwald, Gehölz", aber auch „freie, trockene Stelle". Da das Dorf auf einer kleinen, ursprünglich bewaldeten Geestinsel liegt, die sich nur wenige Meter über die Marschniederungen heraushebt, ist der Name wohl im Zusammenhang mit der topografischen Lage des Ortes entstanden.

Viele Jahrhunderte lang waren die Niederungen durch Überschwemmungen gefährdet, besonders durch Sturmfluten, die sich über die Untereider bis nach Rendsburg auswirkten. Durch den Bau des Nord-Ostsee-Kanals verstärkte sich diese Gefahr. Denn dadurch wurde das Land häufiger als zuvor überschwemmt, weil nach dem Kanalbau das überschüssige Wasser nicht mehr wie früher über die zahlreichen Auen in die Eider abfließen konnte. Diese Auen münden seit der Fertigstellung des Kanals fast alle direkt in den Nord-Ostsee-Kanal, so dass die auf Meereshöhe gelegenen Wiesen bis hin zur Eider überflutet wurden. Daher errichtete man ab 1900 zwischen Breiholz, Lohklindt,

Einmündung der Jevenau in den Nord-Ostsee-Kanal

Eiderdeich zwischen Breiholz und Hörsten

Gleißendes Mittagslicht über dem Nord-Ostsee-Kanal

Hörsten und Nübbel künstliche Eiderdeiche, um das Land vor Sturmfluten zu schützen. Seit dem Bau der Nordfelder Schleuse (1934-36) wirken sich die Gezeiten auf der Eider nicht mehr bis nach Rendsburg aus. Das Hinterland der Eider ist seitdem vor Überschwemmungen geschützt. Zahlreiche Deiche prägen noch heute das nördliche Gemeindegebiet nahe der Eider. Auch die Straße von Breiholz nach Hörsten verläuft teilweise auf einem Eiderdeich.

Der Nord-Ostsee-Kanal durchschneidet die Gemeinde genau in der Mitte. Das Dorf liegt im nordwestlichen Gemeindegebiet und orientiert sich weiterhin zur Eider. Zum südöstlichen Gemeindegebiet jenseits des Kanals gibt es keine direkte Verbindung. Auf diesem Gebiet befindet sich der kleine Flugplatz Schachtholm. Von hier kann man zu interessanten Rundflügen über Schleswig-Holstein starten und sich die abwechslungsreiche Kulturlandschaft Nord-Ostsee-Kanal aus der Luft ansehen.

Hof Luhnvie

Im äußersten Südwesten des Gemeindegebietes befindet sich die Hofanlage Luhnvie, ein schon über mehrere Jahrhunderte bestehendes landwirtschaftliches Anwesen. Durch die seitliche Anordnung der Wirtschaftsgebäude gegenüber dem stattlichen Wohnhaus des späten 19. Jahrhunderts ähnelt das Anwesen einer kleinen Gutsanlage. Der Name „Luhnvie" bedeutet „Sumpf" oder „Moor" – niederdeutsch „Vieh" – an der Luhnau.

Das Dorf Schülp bei Rendsburg wurde urkundlich erstmals um circa 1149 im Zusammenhang mit der Schlacht bei „Scullebi“ erwähnt. Der Ortsname bedeutet „versteckte Biegung, Krümmung“. Sicherlich ist hiermit die alte Eiderschleife gemeint, die früher bis ans Schülper Dorfgebiet reichte. Die westliche Gemeindegrenze ist in der Preußischen Landesaufnahme von 1877 noch in der alten Flussmitte eingezeichnet. Mit dem Nord-Ostsee-Kanal verschob sich die Gemeindegrenze an das westliche Kanalufer, doch Teile des Gemeindegebietes liegen immer noch auf der anderen Kanalseite.

Bevor zusammen mit dem Eiderkanal auch die Untereider zwischen Rendsburg und Tönning ausgebaut wurde, lag Schülp direkt an der Eider und hatte sogar einen eigenen Hafen. Noch heute deutet der Name Werftstraße darauf hin. Dort, wo die Werftstraße die angrenzende Niederung berührt, verlief ursprünglich die Eider. Dieser frühere Zustand ist auf der Varendorfschen Karte von 1789 gut zu erkennen. Erst mit dem Ausbau der Untereider wurden Seitenarme des Flusses zugeschüttet und der Flusslauf begradigt, um größeren Kanalschiffen die Passage zu ermöglichen. Den neuen Eiderverlauf kann man auf der Preußischen Landesaufnahme von 1877 erkennen. Noch heute weisen zahlreiche Findlinge am Rande der Niederung entlang der Werftstraße darauf hin, dass diese Steine einst zur Uferbefestigung des Schülper Hafens dienten.

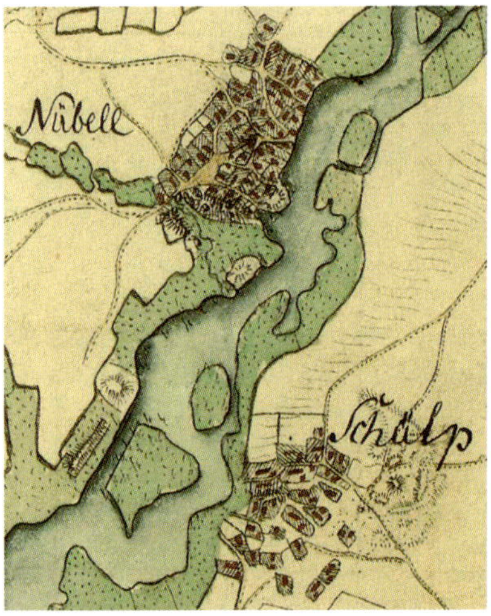

Schülp; Ausschnitt aus der Varendorfschen Karte (1789–1796)

Trotz starker Veränderungen im ursprünglichen Ortsbild erkennt man noch das dörfliche Ortsbild, das sich vor allem im Kreuzungsbereich von Dorfstraße und Schmiedestraße erhalten hat. Hier weitet sich die nordsüdlich verlaufende Dorfstraße auf und bildet einen kleinen Dorfplatz. Westlich vor dem zurückliegenden Bauernhof stehen hohe alte Bäume, unter ihnen zwei der ursprünglich fünf Friedenseichen von 1871, und tragen wesentlich zur guten Ortsgestaltung bei. Östlich schließt dieser Platz mit der Gaststätte „De Schülper Kroog“ ab, einem eingeschossi-

„De Schülper Kroog“

Friedhof mit Einfriedungsmauer

Ehemaliger Pestfriedhof Schülp, Grabstein von 1712

gen Backsteinbau mit typischen Baudetails der zwanziger Jahre. Der Gasthof und der kopfsteingepflasterte Vorplatz mit Eiche und Rundbank laden zum Anhalten und Verweilen ein.

Beachtenswert ist der Friedhof von Schülp. Im Nordosten des Dorfes am Ende des Friedhofswegs in einem Waldgebiet gelegen, wurde er 1712 als Pestfriedhof weit außerhalb des Dorfes angelegt. Noch heute erinnern zwei alte Grabsteine in der Einfriedungsmauer mit den Inschriften „ANNO 1712" an das Gründungsdatum. Vermutlich befinden sich weitere alte Grabsteine in dieser Mauer. Heute erlebt man den rechteckigen Friedhof als idyllisch gelegenen Begräbnisplatz in einem Wald des alten Geestrückens.

Mäandrierender Verlauf der Eider, Gemeindegrenze zu Nübbel

Aus den Jahren 1966/67 stammt die „Kreuzkirche", die die Architekten Barbara und Wolfgang Vogt auf einem bewaldeten Park-

„Moltkestein"

grundstück gegenüber dem ehemaligen Bahnhof an der Parkallee erbauten, ein weiß geschlämmter Mauerwerksbau mit getrenntem Glockenturm. Der Kirchenkomplex besteht aus mehreren Bauten, umschließt einen geschützten Innenhof und bildet ein harmonisches Gebäudeensemble.

Ein Ausflug auf das ebenfalls zur Gemeinde gehörende westliche Kanalufer lohnt sich. Hier wie auch auf der gegenüberliegenden Seite bieten sich ausgedehnte Spaziergänge, Wanderungen oder Fahrradtouren entlang der künstlichen Wasserstraße an, immer wieder mit abwechslungsreichen Ausblicken auf den Kanal, auf vorbeifahrende Schiffe oder auf sehenswerte Gebäude und Kulturdenkmale. Eine Zwischenpause sollte man bei der ehemaligen Lotsenstation Nübbel machen. Sie wurde in Zusammenhang mit dem Nord-Ostsee-Kanal 1895 erbaut. Durch den neuen Kanal bildete sich eine kleine Insel zwischen Eider und Kanal, die nur durch schmale Deichstreifen mit dem westlichen Kanalufer verbunden ist. Die an drei Seiten geschlossene Lotsenstation entstand in mehreren Bauabschnitten. Zuerst wurden die zum Kanal hin orientierten Gebäude erbaut.

Der an der Nordostecke der Lotsenstation gelegene Bau erinnert sehr an die identischen Lotsenhäuser, die zeitgleich in Kiel und in Brunsbüttel errichtet wurden. Der an der Straße gelegene Backsteinbau mit Stilelementen der Heimatschutzarchitektur entstand in den zwanziger Jahren. Hier befanden sich ursprünglich nur Wohnräume für die Lotsen, während die Diensträume in den älteren Gebäuden lagen. Nach dem Bau der neuen Lotsenstation Rüsterbergen hatten die alten Gebäude ihre ursprüngliche Funktion verloren und wurden zu Wohnzwecken umgebaut. Südlich anschließend steht am Kanalufer 2 eine Backsteinvilla in kaiserzeitlichem Baustil. Dort wohnte einst der Leiter der Lotsenstation.

Ehemalige Lotsenstation bei Nübbel

Einige Kilometer weiter südlich erreicht man am westlichen Kanalufer eine kleine Anhöhe in der ansonsten sehr flachen Landschaft. Dies ist eine Sanddüne, die vor dem Kanalbau mit der Sand- und Heidelandschaft Rüsterbergen auf dem gegenüberliegenden Kanalufer verbunden war. Oberhalb der Straße nach Breiholz erinnert ein circa 15 Tonnen schwerer Granitfindling als Gedenkstein mit Inschrift und einem bronzenen Marschallstab an den Baustellenbesuch von Kaiser Wilhelm II. und Generalfeldmarschall Graf von Moltke am 6. April 1891. Dieser Stein ist der größte Granitfindling, der während der Kanalbauarbeiten geborgen wurde. Der „Moltkestein" stand ursprünglich an einem anderen Ort, genau dort, wo 1891 am Erinnerungstag extra ein Pavillon für die Besucher errichtet wurde. Wegen der Kanalverbreiterung wurde der Stein 1965 an seinen heutigen Standort versetzt.

Nord-Ostsee-Kanal bei Rüsterbergen

Das Dorf Nübbel („Erhöhung“) wurde 1331 erstmals urkundlich erwähnt. Durch den Bau des Alten Eiderkanals und der damit verbundenen Zunahme des Schiffsverkehrs auf der Untereider entwickelte sich Nübbel im 18. und 19. Jahrhundert zu einem bedeutenden Werft- und Schiffbaustandort. 1880 gab es sieben Werften am nördlichen Eiderufer. 30 Jahre später lief das letzte Schiff vom Stapel. Die Inbetriebnahme des Nord-Ostsee-Kanals 1895 beendete die Schiffbautradition in Nübbel ähnlich abrupt wie sie ungefähr 150 Jahre zuvor begonnen hatte. Bis auf den Namen der Werftstraße sowie einige große, noch unbebaute Flächen am Ufer der Eider ist heute so gut wie nichts mehr vorhanden, was an die Blütezeit des Ortes erinnert.

Dennoch lohnt sich ein Rundgang durch das alte Haufendorf, das offensichtlich auch ein bedeutender landwirtschaftlicher Standort war. Zahlreiche bäuerliche Hofanlagen zeugen davon. Immer wieder entdeckt man alte, mitunter noch reetgedeckte Gebäude, meist jedoch stark verändert und in ihrer ursprünglichen Form kaum noch wieder zu erkennen. Zwei Weggabelungen werden von großen Friedenseichen gekrönt. Hervorragend saniert präsentiert sich die frühere zweite Schule des Dorfes, die an der Straßenecke Achterlang und Bäckergang steht und heute als Wohngebäude genutzt wird. Der eingeschossige Backsteinbau des 19. Jahrhunderts besitzt an seinen Schmalseiten noch Fachwerkgiebel und ein reetgedecktes Krüppelwalmdach. Die ursprüngliche Gestalt des Gebäudes wurde bei der Sanierung wieder hergestellt. Die dritte Schule von Nübbel entstand 1939 im Baustil der damaligen Zeit, ein eingeschossiger roter Backsteinbau mit steilem Satteldach und einem offenen Arkadengang an der Rückseite des Gebäudes.

Ein ungefähr 200 Meter langer und 5 Meter hoher, von Eichen bewachsener Erdwall legt sich direkt südlich um den alten Dorfkern. Er trennt das Siedlungsgebiet von den angrenzenden Weiden und Wiesen. Dieser Wall ist eine sogenannte Schwedenschanze, ein bedeutendes Element eines Verteidigungssystems

Windmühle „Anna“

Schwedenschanze

Ehemalige zweite Schule von Nübbel

Blick vom Nord-Ostsee-Kanal auf Eider und Nübbel

aus der Zeit des 30jährigen Krieges, in diesem Fall ein besonders gut erhaltenes Exemplar. Noch heute kann man sich sehr gut vorstellen, wie diese Schanze den dahinter versteckt gelegenen Ort Nübbel vor Angriffen schützte.

Am anderen Ende des Dorfes, wo die Dorfstraße in Richtung Fockbek und Rendsburg führt, erhebt sich die Windmühle „Anna". 1859 erstmals erbaut, brannte die Mühle zu Beginn des 20. Jahrhunderts vollständig nieder. 1904 entstand an gleicher Stelle ein Neubau aus massivem Rotstein, die Kappe ist aus Holz und mit Dachpappe beschlagen. Die neue Mühle erhielt den Namen „Anna", genannt nach der Ehefrau des Bauherrn. Ende 1973 stellte die Nübbeler Mühle ihren Betrieb ein. Nach Übernahme des Gebäudes durch den damaligen Bürgermeister Heinz Rehder wurde das Gebäude grundlegend saniert und zu einem Mühlenmuseum ausgebaut. Ein Besuch des Kulturdenkmals ist sicherlich ein beeindruckendes Erlebnis.

Uferpartie an der Eider

Westerrönfeld wurde urkundlich erstmals 1437 mit der Eintragung in das „Kieler Erbebuch“ erwähnt. Da die Gemeinde westlich von Osterrönfeld liegt, lässt sich der Ortsname von der Lage zur Wehrau-Niederung ableiten und bedeutet somit „Feld westlich der Rinne“ oder „Feld westlich des Wehrautals“.

Westerrönfeld war ursprünglich ein altes Fischer- und Bauerndorf am Südufer der Eider, seitab des östlich vorbeiführenden Heerweges, der auch Ochsenweg genannt wird. Heute hat sich das Ortsbild entscheidend gewandelt. Nur einige, verstreut liegende alte Reetdachgebäude erinnern an frühere Zeiten. Die ehemalige Eideranbindung, auf der Preußischen Landesaufnahme von 1877 gut zu erkennen, wurde durch den Bau des Nord-Ostsee-Kanals Ende des 19. Jahrhunderts unterbrochen. Die Eider verläuft heute nordwestlich des Kanals, durch den Kanalbau eingeengt und mit hohen Deichen abgetrennt. Von den einst dicht nebeneinander liegenden sechs Hofstellen und einer Gaststätte ist nichts mehr vorhanden.

Heute präsentiert sich Westerrönfeld als attraktiver Wohn- und Gewerbestandort direkt am Nord-Ostsee-Kanal, in unmittelbarer Nähe zur Stadt Rendsburg gelegen und mit ihr durch zwei Kanaltunnel hervorragend verbunden, einer für Fahrzeuge und der andere für Fußgänger und Radfahrer. Bis 1961 bestand eine Brückenverbindung über den Kanal, die sich am Ende der Itzehoer Chaussee befand und zum „Conventgarten“ auf Rendsburger Seite führte. Die Drehbrücke besaß eine eindrucksvolle Eisenfachwerk-Konstruktion, wurde aber nach dem Bau des Fahrzeugtunnels abgebrochen, weil sie den Schiffsverkehr auf dem Kanal stark behinderte. Die am Hotel/Restaurant „Schützenheim“ angebrachte Anzeigeuhr ist ein letztes Überbleibsel dieser Brückenkonstruktion. Ursprünglich befand sich diese Uhr an der Drehbrücke und gab Auskunft über die nächste Dreh- beziehungsweise Öffnungszeit.

Rauchkate Schmiedestraße 18

Hafenstraße 8

Jüdischer Friedhof

In der Nähe zweigt von der Itzehoer Chaussee eine alte Lindenallee nach Westen ab. Zu Fuß erreicht man nach 300 Metern den Jüdischen Friedhof. Am 21. September 1695 von jüdischen Siedlern, die sich im neugegründeten Stadtteil Neuwerk niedergelassen hatten, angelegt, befand sich dieser Friedhof damals weit außerhalb der ehemaligen Festungsstadt Rendsburg mitten auf freiem Feld. Auf alten Fotos und Plänen ist diese freie Lage einschließlich der Allee noch sehr gut zu erkennen. Heute liegt die Anlage versteckt in einem dicht besiedelten Wohngebiet. Der stark zugewachsene Friedhof wird von verwitterten und teilweise umgestürzten Grabsteinen des 18. und 19. Jahrhunderts geprägt und entspricht damit der jüdischen Friedhofskultur. Beim Besuch des denkmalwerten Ortes sollte man die Totenruhe beachten und sich entsprechend rücksichtsvoll verhalten.

Der christliche Friedhof Westerrönfelds liegt an der Jevenstedter Straße südlich der Eichenallee. 1712 als „Pestfriedhof" am grauen Berge außerhalb des Dorfes am Weg nach Jevenstedt angelegt, seit 1804 als „Armenfriedhof" registriert, ist dieser seit 1831 „Gemeindefriedhof". Ein Gedenkstein mit Inschrift weist darauf hin. Östlich angrenzend erhebt sich eine der letzten Binnendünen die diese Gegend ursprünglich prägten. Auf dieser, als Naturdenkmal bewerteten, von Birken und Kiefern bewachsenen Sanddüne befinden sich nicht nur die Gedenkstätten für die Gefallenen beider Weltkriege, sondern auch Gedenksteine, die an die Erhebung Schleswig-Holsteins gegen Dänemark von 1848 und an den Krieg von 1870/71 erinnern.

Gedenkstein auf dem Gemeindefriedhof

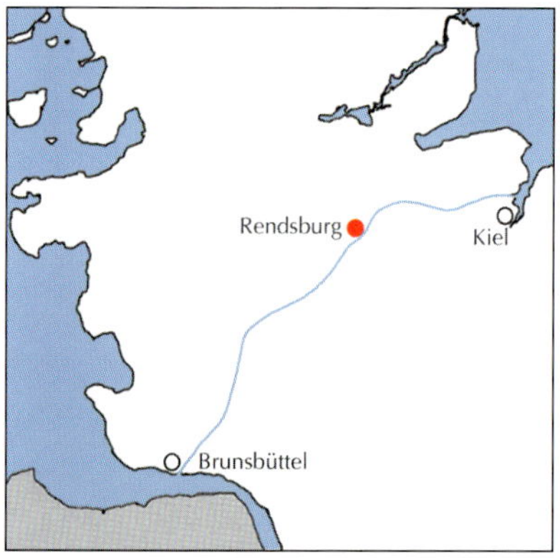

Die Stadt Rendsburg dehnt sich heute auf einem inselartigen Gelände aus, das durch die Eider und die Enge im Norden, den Audorfer See im Osten und den Nord-Ostsee-Kanal im Süden begrenzt wird. Die Stadterweiterungen im Nordwesten reichen bis an die Grenzen nach Büdelsdorf und Fockbek sowie im Süden bis in den Stadtteil Neuwerker Garten. Zusammen mit der Stadt Büdelsdorf sowie den Gemeinden Fockbek, Westerrönfeld, Osterrönfeld und Schacht-Audorf stellt der Großraum Rendsburg ein großes Siedlungs- und Wirtschaftszentrum in Mittelholstein dar. Hier kreuzen sich wichtige Fernstraßen, Eisenbahnlinien und Wasserwege, unter anderem die Autobahn A 7 Hamburg-Flensburg, die Bundesstraßen B 77 und B 202, die Eisenbahnlinie Hamburg-Neumünster-Flensburg und der Nord-Ostsee-Kanal. Bereits früher führte einer der wichtigsten nordsüdlichen Handelswege, der sogenannte Heerweg oder Ochsenweg, in Rendsburg über die Eider.

Das genaue Gründungsjahr der Stadt ist nicht bekannt. Aufgrund von Ausgrabungen weiß man jedoch, dass die Insel in der Eider zwischen Ober- und Untereider bereits im 10. Jahrhundert besiedelt war. Erste urkundliche Erwähnungen gibt es aus der Zeit um 1200, als Graf Adolf III. von Schauenburg ein „castrum Reinoldesburch antiquum" zur Grenzsicherung gegen den Dänenkönig Knud IV. wiederherstellte. So lässt sich auch der Stadtname erklären, denn „castrum Reinoldesburch" bedeutet „Burg des Reinhold" oder „Burg des Anführers/Herrschers".

Blick von der Obereider auf Rendsburg mit der Marienkirche

Eisenbahnhochbrücke mit Schwebefähre

Rendsburg; Ausschnitt aus der Varendorfschen Karte (1789–1796)

Ein Besuch der mittelalterlichen Altstadt mit der Marienkirche des 13. Jahrhunderts sowie ein Rundgang durch die damals größte dänische Landfestungsstadt mit einem nach französischen Vorbildern geplanten fächerförmigen Stadtgrundriss des ausgehenden 17. Jahrhunderts lohnt sich allemal. Wir beschränken uns auf die Vorstellung der Anlagen und Gebäude in Rendsburg, die im unmittelbaren Zusammenhang zum Nord-Ostsee-Kanal und seinem Vorgänger, dem Alten Eiderkanal, stehen. Dabei werden vorrangig die Uferzonen des Nord-Ostsee-Kanals sowie der ehemalige Schleusenbereich des Alten Eiderkanals beschrieben.

Mit dem Bau des Alten Eiderkanals im späten 18. Jahrhundert und mit dem Anschluß an das europäische Eisenbahnnetz um die Mitte des 19. Jahrhunderts erhielt Rendsburg bereits wesentliche Impulse für eine starke Stadterweiterung, doch erst durch den Bau des Nord-Ostsee-Kanals wuchs die Stadt und das nähere Umfeld seit 1895 zu ihrer heutigen Größe und Bedeutung heran. Wichtige Industriebetriebe und Werften ließen sich hier nieder, da sich Rendsburg durch den im südlichen Stadtgebiet verlaufenden Nord-Ostsee-Kanal zu einer Seehafenstadt im Landesinneren entwickeln konnte.

Eisenbahnhochbrücke und Kreishafen

„Martinshaus" am Nord-Ostsee-Kanal

Villa am Kanalufer

Der Rundgang entlang des Nord-Ostsee-Kanals soll dort beginnen, wo das bekannteste und herausragende Bauwerk, das im Zusammenhang mit der künstlichen Wasserstraße entstanden ist, den Kanal überquert. Die Eisenbahnhochbrücke ist heute zu einem Wahrzeichen des Nord-Ostsee-Kanals und der Stadt Rendsburg geworden. 1911-1913 im Rahmen der ersten großen Kanalerweiterung erbaut, überspannt die Brücke den Kanal in circa 42 Meter Höhe und verbindet den Landesteil Holstein mit dem Landesteil Schleswig. Besonders eindrucksvoll verbindet die zwischen zwei Gitterpfeilern eingespannte Hängekonstruktion die beiden 7,5 km langen Zufahrtsrampen, die das Bild der Stadt- und der Kulturlandschaft auf einzigartige Weise prägen. Innerhalb der ovalen Zufahrtsrampe entstanden zu Beginn des 20. Jahrhunderts auf Rendsburger Seite vorbildlich gestaltete Wohngebiete. Zu einem besonderen Erlebnis wird eine Fahrt mit der Schwebefähre, die an Stahlseilen unter der Brückenkonstruktion hängt und über die Wasseroberfläche des Kanals zu schweben scheint. Am südlichen Kanalufer kann man in einem Gitterpfeiler hochsteigen und auf Gleisebene eine einzigartige Aussicht auf die Stadt Rendsburg und die umgebende Kulturlandschaft genießen.

Westlich der Eisenbahnhochbrücke schließt der Kreishafen Rendsburg an, dessen Ufer mit mehreren Getreidesilos aus unterschiedlichen Epochen bebaut ist. Nahe dem Fußgängertunnel, der als Ersatz für die 1961 abgebrochene Drehbrücke entstand, wird das nördliche Kanalufer von repräsentativen Villen geprägt, die einen unverbauten Blick auf den Nord-Ostsee-Kanal genießen. Zu empfehlen ist ein aussichtsreicher Spaziergang auf der Uferpromenade westlich des „Conventgarten", die mit einer Lindenallee bepflanzt ist. Wo die Lindenallee endet, unterbricht eine begrünte Schneise das bebaute Ufer. Unter dieser Schneise verläuft der 1957-1961 erbaute Straßentunnel, der die frühere Drehbrücke ersetzt. Täglich von mehreren zehntausend Fahrzeugen durchfahren, stellt dieser Tunnel eine schnelle Verbindung zwischen Süd- und Nordufer sowie eine Zusammenführung der

Lindenallee am Kanalufer

Ehemaliger Wasserturm

beiden Bundesstraßen B 77 und B 202 her. Hinter der Schneise erreicht man das „Martinshaus" des Diakonischen Werkes Schleswig-Holstein, ein in den zwanziger Jahren im Baustil der Heimatschutzarchitektur errichteter zweigeschossiger, hell verputzter Gebäudekomplex.

Östlich der Eisenbahnhochbrücke befindet sich der sogenannte „Bauhof Rendsburg". 1890 als Kaiserliche Maschinenbauinspektion gegründet, entstand der heutige Betrieb während der ersten Kanalerweiterung von 1910-1914 als sogenannte „Kaiserliche Werft Saatsee". Der Name weist auf einen früheren See hin, der hier vor dem Bau des Nord-Ostsee-Kanals lag und von dem sich noch ein kleiner Teil als Werfthafen des Betriebs erhalten hat. Man kann die Anlage über die Blenkinsopstraße erreichen. Da es sich um ein Betriebsgelände handelt, ist eine Besichtigung des interessanten Areals zurzeit noch schwierig. Dennoch sollen hier einige Gebäude und technische Anlagen erwähnt werden. Noch außerhalb des eigentlichen Betriebsgeländes überragt der ehemalige Wasserturm eindrucksvoll den benachbarten Eisenbahndamm. Der quadratische Backsteinturm wird von einem

Maschinenwerkstätte

Querhellinganlage

Ehemalige Gaststätte „Nobiskrug"

achteckigen Aufbau mit steilem Zeltdach bekrönt. Auf dem Betriebsgelände sind die über hundert Meter lange Maschinenwerkstätte von 1915-1917 und die direkt am Kanalufer gelegene Querhellinganlage von 1915 besonders zu beachten, die wegen ihrer Größe und ihres hervorragenden Erhaltungszustandes in Norddeutschland einzigartig ist.

Im Nordosten der Stadt Rendsburg hält die ständig pendelnde Kanalfähre „Nobiskrug" den Verkehr auf der wichtigen Straßenverbindung zwischen Rendsburg und Kiel aufrecht, die schon lange vor dem Kanalbau existierte und durch den Bau des Nord-Ostsee-Kanals unterbrochen wurde. Bei starkem Verkehrsaufkommen transportieren zwei Fährschiffe im wechselnden Rhythmus die Fußgänger, Radfahrer und Autos über den Kanal.

Ehemalige Direktorenvilla nahe der Fähre Nobiskrug

Auf der nördlichen Inselspitze zwischen Nord-Ostsee-Kanal und Audorfer See befinden sich zwei bemerkenswerte Gebäude. In einem großen parkartigen Garten liegt die frühere Direktorenvilla des nördlich angrenzenden Industriebetriebes, ein eingeschossiger Backsteinbau im Baustil der Heimatschutzarchitektur. Nicht weit entfernt davon steht ein reetgedecktes eingeschossiges Backsteingebäude, das noch an die Zeit vor dem Bau des Nord-Ostsee-Kanals erinnert. Es handelt sich um die ehemalige Gaststätte „Nobiskrug", die hier an der alten Landstraße nach Kiel vor den Toren der Stadt Rendsburg lag und heute als Wohn-

Fähre Nobiskrug

gebäude genutzt wird. Damit erklärt sich auch der Name der benachbarten Fähre über den Nord-Ostsee-Kanal.

Nordwestlich der Rendsburger Altstadt gibt es noch einige Anlagen und Gebäude, die in Zusammenhang mit dem Alten Eiderkanal entstanden sind. Genau an der Grenze zwischen Obereider und Untereider befand sich früher die letzte der insgesamt sechs Schleusen des Eiderkanals. Bis auf einige Reste der ehemaligen Schleusenmauer am Nordende der Untereider ist davon nichts mehr erhalten geblieben, da die Schleuse nach dem Bau des Nord-Ostsee-Kanals nicht mehr genutzt und von der Hollesenstraße überbaut wurde. Am besten kann man sich die ursprüngliche Lage der Schleuse direkt neben dem noch erhaltenen ehemaligen Zollamt vorstellen, das 1784 erbaut wurde, um die durch die Schleuse transportierten Waren kontrollieren und verzollen zu können.

Der eingeschossige Backsteinbau steht auf einem hohen Sockelgeschoss und ist mit einem kräftig profilierten Mansardwalmdach bedeckt. Die neunachsige Breitfront wird durch Wandstreifen gegliedert und mit einem übergiebelten Zwerchhaus in der Mitte betont. Zum zentralen Eingangsportal führt eine gusseiserne Freitreppe mit Palmetten- und Palmwedel-Ornamenten, die vermutlich als Frühwerk der Büdelsdorfer Carlshütte um 1830 entstanden ist. Über dem Portal befindet sich eine Sandsteinkartusche mit dem Erbauungsdatum 1784.

Fähre Nobiskrug

Ehemaliges Zollamt

Auf der gegenüberliegenden Straßenseite steht das Kanalpackhaus von 1783, das zur Zwischenlagerung der Waren diente, die in Rendsburg von den größeren Kanalschiffen auf die kleineren Eiderschiffe umgeladen werden mussten. Ähnlich wie die beiden größeren Kanalpackhäuser in Holtenau und Tönning besitzt das Rendsburger Packhaus drei Vollgeschosse und ein Dachgeschoss, in das der übergiebelte Mittelrisalit hineinragt. Es ist aber wesentlich kürzer als die beiden anderen Packhäuser und besitzt nur in den Mittelachsen rundbogige Ladetore, durch die die Waren über Kranbalken auf die Lagerböden transportiert wurden. Über dem östlichen Kranbalken kann man das Königsmonogramm und die Jahreszahl 1783 erkennen. Das Krüppelwalmdach wurde beim Umbau von 1978 wieder mit schwarzglasierten Tonpfannen gedeckt, die schon zur Entstehungszeit das Gebäude als königlich-dänisches Kanalpackhaus auszeichneten.

Inmitten einer verkehrsreichen Fläche zwischen Untereider und Thormannplatz liegt eine Grünanlage. 1984 wurde hier eine längsrechteckige Wasserfläche neu angelegt. Sie soll an eine zwischen 1893 und 1937 betriebene Schleusenanlage erinnern. Durch den Bau des Nord-Ostsee-Kanals und die damit verbundene Absenkung des Wasserspiegels auf der Obereider konnte die Eiderschifffahrt den neuen Kanal nicht mehr erreichen, so dass die zu klein gewordene alte Schleuse neben dem Zollhaus durch eine Fächerschleuse an neuem Standort ersetzt werden musste. Nachdem 1937 das Eidersperrwerk in Nordfeld und der Gieselaukanal erbaut waren, wurde auch diese Schleusenanlage überflüssig.

Ehemaliges Kanalpackhaus

Büdelsdorf („Dorf des Büdels" = „Dorf des Gebieters"), unmittelbar nördlich der Obereider gelegen, erhielt erst vor kurzem Stadtrechte. Direkt an Rendsburg angrenzend, bilden beide Städte heute fast eine Einheit.

Die großflächigen Industriegebiete der ehemaligen Ahlmann-Carlshütte dehnen sich nördlich der Obereider aus. Einige Flächen wurden bereits freigeräumt, sollen neu erschlossen und anders genutzt werden. Besonders markant hebt sich aus einer Silhouette bestehender Fabrikgebäude der sogenannte „Kupol-Ofen" ab. Einst wurde hier Eisen geschmolzen. Heute nutzt man die Werkhallen für kulturelle Veranstaltungen.

Überall in der Stadt stehen Gebäude, Denkmale und andere Objekte, die an die „große" Zeit der 1827 gegründeten Carlshütte erinnern. Denn erst durch den Bau des Alten Eiderkanals war es möglich, einen der ersten Industriebetriebe des frühen 19. Jahrhunderts mitten im Lande zu gründen. Deshalb lohnt sich ein Rundgang durch Büdelsdorf allemal.

Brückenstraße 1, ehemaliges Direktorenwohnhaus

An der Brückenstraße 1 steht in einer parkartigen Gartenanlage die ehemalige 1924 im Baustil der Heimatschutzarchitektur errichtete Direktorenvilla. Gegenüber liegen an der Hollerstraße 44/44a die so genannten „Meisterhäuser", ein zur Straße symmetrisches Doppelhaus aus rotem Backstein.

Als private Stiftung von Käthe Ahlmann entstand 1961-1963 das eng mit der Geschichte der Ahlmann-Carlshütte verbundene Eisen-Kunst-Guss-Museum an der Glück-Auf-Allee, ein moderner Museumsbau des dänischen Architekten Carl Storgaard. In der südlich angrenzenden Parkanlage steht auf einem gestuften Postament aus rotem Granit die Bronzebüste von M. H. Holler, dem Begründer der Carlshütte. Etwas weiter östlich erinnert in einer Grünanlage ein gusseisernes Ehrenmal an die Gefallenen des Zweiten Weltkrieges.

Hollerstraße 44/44a, ehemalige „Meisterhäuser"

Friedhofsportal

ehemalige Pferdehalterstelle an der Obereider

Weit vor den Werkstoren der Carlshütte lag an der Straße nach Borgstedt das Marienstift, die erste Arbeitersiedlung in Schleswig-Holstein. Diese Siedlung des 19. Jahrhunderts bestand aus sehr kleinen Doppelwohnhäusern mit Backsteinwänden und Reetdächern. Die meisten Arbeiterwohnhäuser sind im 20. Jahrhundert abgerissen worden. Nur die vier südlich gelegenen Doppelhäuser des Marienstifts blieben in der Friedhofsallee erhalten. Sie wurden 1977 instand gesetzt, grundlegend saniert und dabei leider weitgehend erneuert.

An der Friedhofsallee legte man 1876 den Friedhof an. Eine hohe Lindenallee umrahmt den Begräbnisplatz an drei Seiten. Der Hauptzugang mit seinem gußeisernen und schmiedeeisernen Eingangstor besteht aus zwei gotisierenden Pfeilern, die Schrifttafeln mit Bibeltexten und aufgesetzten Kreuzen tragen. An den Pfeilern schlagen zweiflügelige Durchfahrtsgitter und einflügelige Eingangspforten an.

Südlich an Büdelsdorf vorbei führte einst der Schifffahrtsweg des Alten Eiderkanals und die Kanalschiffe konnten direkt am Ufer der Carlshütte be- oder entladen werden. Ein am Ufer entlang führender Weg lädt zu beschaulichen Spaziergängen ein. Sein Name „Treidelweg" erinnert daran, dass damals die Kanalschiffe von Pferden gezogen werden mussten, wenn die Schiffssegel nicht den nötigen Wind bekamen. Nahe der Rendsburger Stadtgrenze steht die ehemalige Pferdehalterstelle, in die später die Verwaltung der Ahlmannhütte einzog und in der sich heute Büros befinden. Das kürzlich grundlegend sanierte Gebäude präsentiert sich in einem vorbildlichen Erhaltungszustand.

Marienstift, 1975

Osterrönfeld, urkundlich erstmals um 1330 erwähnt, hat sich in den vergangenen Jahrzehnten zu einem attraktiven Wohn- und Gewerbestandort nahe der Stadt Rendsburg entwickelt. Der Nord-Ostsee-Kanal sowie die bis zur Eisenbahnhochbrücke über den Kanal ansteigende Bahntrasse prägen das heutige Ortsbild und rahmen es von drei Seiten ein. Mitten hindurch verläuft das landschaftlich reizvolle Tal der Wehrau. Der Ortsname entstand in Zusammenhang mit dieser Niederung, denn Osterrönfeld bedeutet „Feld östlich der Rinne".

Heute lädt die Wehrau zu erlebnisreichen Paddel- und Kanutouren ein, flussabwärts bis nahe an die Absperrvorrichtungen des Einmündungsbauwerks in den Nord-Ostsee-Kanal, flussaufwärts windet sich das Gewässer in zahlreichen Mäandern bis an das Wilde Moor. An der südlichen Siedlungsgrenze Osterrönfelds zeichnet sich nahe der Einmündung des Bächleins Innbek in die Wehrau eine von Bäumen bestandene Erhebung ab, einst im Mittelalter Standort einer sogenannten Motte oder Turmhügelburg.

Eisenbahnviadukt über die Wehrau

Der alte Ortskern zwischen Dorfstraße und Schulstraße besaß früher mehrere bäuerliche Betriebe und hat sich heute stark verändert. Nur im Umfeld der Hofanlage Dorfstraße 11, dort, wo die abzweigende Schmiedestraße eine kleine dreieckige Grünanlage bildet, spürt man noch etwas von der alten dörflichen Atmosphäre. Drei große Eichen und ein 1897 aufgestellter Gedenkstein zum Andenken an Kaiser Wilhelm I, der den Grundstein für den nahen Nord-Ostsee-Kanal legte, tragen erheblich zu dieser Wirkung bei.

Zweifellos ist die Eisenbahnhochbrücke das herausragende Bauwerk in der Gemeinde Osterrönfeld. Man kann sie besonders eindrucksvoll erleben, wenn ein Zug die Brücke passiert oder die ansteigenden Dämme befährt. 1911 bis 1913 im Rahmen der ersten Kanalerweiterung entstanden, verbindet die Brücke seitdem das Osterrönfelder Gemeindegebiet am südlichen mit dem Rendsburger Stadtgebiet am nördlichen Kanalufer. Nicht nur der markante Mittelbau der Eisenfachwerkkonstruktion über den Nord-Ostsee-Kanal, sondern auch die ansteigenden Zufahrts-

Weggabelung Dorfstraße/ Schmiedestraße

Ehemalige Motte/Turmhügelburg an der Wehrau

Eisenbahnhochbrücke

dämme mit mehreren eingebauten Viadukten zählen zu den beeindruckendsten technischen Bauleistungen des beginnenden 20. Jahrhunderts in Schleswig-Holstein und in Deutschland.

Seit ihrer Fertigstellung verbindet eine regelmäßig verkehrende, auf der Tragkonstruktion der Brücke rollende und an Stahlseilen hängende Schwebefähre für Fußgänger, Fahrräder und Fahrzeuge die beiden Kanalseiten. Eine Fahrt mit dieser Fähre, die lautlos über den Kanal zu schweben scheint, wird zu einem unvergesslichen Erlebnis. Auch die geführte Besteigung eines südlichen Brückenpfeilers und die Besichtigung der Brücke auf der Ebene der Bahngleise ist sehr zu empfehlen, da man hier nicht nur einen nachhaltigen Eindruck von der gewaltigen Eisenkonstruktion bekommt, sondern zugleich auch einen weiten Ausblick auf die Kulturlandschaft zu beiden Seiten des Nord-Ostsee-Kanals genießen kann. Bei schlechtem Wetter bieten kleine Wartehäuschen Schutz vor Regen und Wind. Ebenfalls 1913 errichtet, erstrahlen sie nach einer Grundsanierung anlässlich der Hundertjahrfeier des Nord-Ostsee-Kanals wieder in altem Glanz.

Wartehäuschen an der Schwebefähre

Der Ort Schacht-Audorf ist aus den alten Bauerndörfern Schacht, östlich des Schülldorfer Sees gelegen, und Audorf am Audorfer See zusammengewachsen. Noch zu Zeiten der Preußischen Landesaufnahme um 1877 waren dies zwei getrennte, weit auseinander liegende Ortschaften. Die erste urkundliche Erwähnung des Ortes Schacht erfolgte am 4. März 1330, die des Ortes Audorf am 24. Juni 1340. Der Ortsname Schacht kommt aus dem Niederdeutschen und bedeutet „Schaft, Stange, Pfahl". Heute präsentiert sich Schacht-Audorf als große, eigenständige Gemeinde mit bedeutenden Industrie- und Werftanlagen am Nord-Ostsee-Kanal in unmittelbarer Nähe zur Stadt Rendsburg, dorthin über den Nord-Ostsee-Kanal gut verbunden durch zwei ständig pendelnde Personen- und Autofähren. Die Dorfstraße, gleichzeitig Verbindungsstraße zum Ortsteil Schacht, und die Kieler Straße stellen das Rückgrat der relativ jungen Gemeinde dar.

An der bei der Gemeindeverwaltung abzweigenden Hüttenstraße erinnern nicht nur der Straßenname, sondern auch zahlreiche Gebäude an die Zeit der „Eisenhütte Holstein", einem großen Industriebetrieb, der sich nach dem Bau des Nord-Ostsee-Kanals um die Jahrhundertwende vorrangig auf dem nördlich anschließenden Gelände bis zur heutigen Kröger-Werft ausdehnte. Besondere Beachtung verdienen das gleich links hinter der Gemeindeverwaltung stehende Doppelwohnhaus, einst das sogenannte Prokuristenhaus, sowie die gegenüber auf einem erhöhten, von einer Mauer aus behauenen Natursteinen eingefriedeten Grundstück gelegene ehemalige Direktorenvilla, ein Backsteinbau im Baustil der Heimatschutzarchitektur. Bekrönt wird dieses Grundstück von einem weitgehend original erhaltenen quadratischen Garten- oder Teehaus mit bemerkenswerten Holzschnitzereien und

Teehaus an der Hüttenstraße

Kirche St. Johannes an der Dorfstraße

Audorfer See / Nord-Ostsee-Kanal

einem pyramidenförmigen Dachabschluss. Im Zusammenhang mit den ehemaligen Industrieanlagen sei noch auf eine Eisenbahnlinie hingewiesen, die in einem weiten Bogen durch Schacht-Audorf führte. Nachdem die Eisenbahnlinie stillgelegt worden ist, verlaufen hier heute begrünte Fuß- und Radwege quer durch die Gemeinde.

1927/29 errichteten die Rendsburger Architekten Jörges und Wehde westlich der Dorfstraße eine kleine Kapelle. Der zurückliegende rote Backsteinbau ist mit einigen zeittypischen expressionistischen Stilelementen versehen. Zu nennen sind die spitz nach oben weisenden Fenster- und Türstürze. 1953 erfolgte die rückseitige Verlängerung und Erweiterung zur Kirche.

Aufgrund der Lage Schacht-Audorfs an einer der verkehrstechnisch bedeutendsten Stellen des Nord-Ostsee-Kanals, nämlich dort, wo vom Audorfer See die Enge zum Obereidersee und den dort gelegenen Werften sowie gleichzeitig der weitere Eiderverlauf bis zur Nordsee abzweigt, entstanden zahlreiche Gebäude und Einrichtungen, die in einem direkten funktionalen Zusammenhang zum Kanal stehen, unter anderem die Fähre Nobiskrug, zahlreiche Dienstwohngebäude und die Signalstation Audorf. Von dieser Station sowie vom Uferweg ergeben sich interessante Ausblicke auf den Kanal, auf die gegenüberliegende Rendsburger Seite sowie auf den zeitweise sehr regen Schiffsverkehr beim Audorfer See, der als wichtige Schiffsweiche genutzt wird.

Containerschiff an der Weiche Audorf

Borgstedt („Burgstätte, Burgwart, Stelle einer Burg"), westlich oberhalb der Borgstedter Enge gelegen, hat sich seit Vermessung des Landes im Rahmen der Preußischen Landesaufnahme von 1877 stark verändert. Damals hatte die gewunden verlaufende Dorfstraße eine ganz andere Bedeutung und lag im Zentrum des alten Haufendorfes. Heute befindet sich der Ortsmittelpunkt an der westlich gelegenen Rendsburger Straße mit einigen Gaststätten, Läden und der Schule.

Um so mehr erlebt man die Dorfstraße heute als einen Ort der Ruhe abseits des Durchgangsverkehrs. Hier spürt man noch viel von der ursprünglichen Atmosphäre, besonders im Umfeld zahlreicher Gebäude, die früher und teilweise auch heute noch landwirtschaftlich genutzt werden. Am nördlichen Ende der Dorfstraße steht die Gaststätte „Hubertushof", die sich nach mehreren Gebäudeerweiterungen stark verändert hat. Dennoch ist gut zu erkennen, dass es sich um einen ehemaligen Ausspann mit einer Wagendurchfahrt handelt. Gegenüber an der Ecke Rendsburger Straße und Rossahlredder befindet sich eines der ältesten Gebäude Borgstedts, eine 1851 erbaute Reetdachkate. Vor dem Gebäude stehen eine Doppeleiche und ein Gedenkstein. Dabei handelt es sich um eine besondere Art des Gedenkbaums, ein halbes Jahrhundert nach der Erhebung Schleswig-Holsteins gegen Dänemark gepflanzt. Man setzte zwei Eichen, symbolisch für die Landesteile Schleswig und Holstein gedacht, so dicht nebeneinander, dass sie später zusammenwuchsen und heute eine gemeinsame Baumkrone bilden.

Lindenallee in Lehmbek

Als besonders abwechslungsreich erweist sich ein Spaziergang auf dem Uferweg an der Borgstedter Enge. Noch heute heißt dieser Weg „Treidelweg" und erinnert an Zeiten, als die Schiffe des Alten Eiderkanals hier durch die Enge zwischen dem Audorfer und dem Schirnauer See gezogen wurden. Anfangs mussten auch die Schiffe des Nord-Ostsee-Kanals diese Enge passieren. Da aber immer größere Schiffe den Nord-Ostsee-Kanal nutzten, wurde die Borgstedter Enge zu einem Verkehrshindernis. Deshalb entschloss man sich, im Rahmen der Kanalerweiterung zwischen 1909 und 1914 diesen Engpass zu umgehen und stellte einen geradlinigen Durchstich zwischen Schirnauer und Audorfer See her.

Borgstedt, Reetdachkate mit Doppeleiche

So entstand zwischen der Borgstedter Enge im Norden und dem Kanaldurchstich im Süden die Rader Insel, die man heute nur noch von Borgstedt aus über eine Brücke erreichen kann. Beim Spazierengehen entlang des nördlichen Seeufers bieten sich herrliche Ausblicke auf den See, die Rader Insel, manchmal auch auf die in der Ferne vorbeifahrenden großen Kanalschiffe. Auf diesem „Treidelweg" fällt es nicht schwer, sich gedanklich in die Zeiten zurückzuversetzen, als Pferde die an Seilen vertäuten Schiffe von Land aus voran zogen. 250 Meter östlich der hoch über den Treidelweg und die Borgstedter Enge hinwegführenden Rader Autobahnhochbrücke befindet sich nördlich des Weges ein länglicher, behauener Granitstein; eingemeißelt ist die Jahreszahl 1784. Ein Hinweisschild erläutert die Zusammenhänge mit dem Alten Eiderkanal, der 1784 in Betrieb genommen wurde. Es handelt sich um einen Brückenstein der ehemaligen Brücke, die den Treidelweg über das Bächlein Exbek führte. Heute ist die Brücke nicht mehr vorhanden. Das Bächlein fließt jetzt in einem Rohr unter dem Weg hindurch.

Grenzstein mit Inschrift

Weiter östlich liegt die Siedlung Lehmbek. Hier gruppieren sich um eine platzartige Straßenaufweitung fächerartig mehrere landwirtschaftliche Hofanlagen, in deren Mitte eine alte Friedenseiche steht. Auf einem Feld südlich der an Lehmbek vorbeiführenden Landesstraße L 42 erhebt sich ein Hügel mit sehr altem und hohem Eichenbestand. Der Überlieferung nach soll es sich hierbei um einen ehemaligen Pestfriedhof handeln. Abschließend sei noch auf einen Grenzstein mit der Inschrift „Borgstedt Wegescheide" hingewiesen, der sich westlich der Bundesstraße B 203 nahe dem Autobahnanschluß Büdelsdorf befindet.

Pestfriedhof bei Lehmbek

Rade („Rodung“) bei Rendsburg hat seinen besonderen, typisch dörflichen Charakter bis heute sehr gut bewahrt. Ein wenig abseits der wichtigen Verbindungsstraßen Kiel-Rendsburg und Neumünster-Rendsburg-Schleswig gelegen, vollzog sich hier nicht der Wandel zur attraktiven Vorstadtsiedlung mit ortsbildstörenden Dorferweiterungen, wie es fast alle umliegenden, insbesondere die näher an Rendsburg und Kiel gelegenen Gemeinden aufzuweisen haben. Selbst die in jüngster Zeit im Zuge der Autobahn Hamburg-Flensburg entstandene 1500 Meter lange über den Nord-Ostsee-Kanal, die Rader Insel und die Borgstedter Enge führende Hochbrücke trägt lediglich den Namen des Dorfes, brachte diesem aber keinen Nutzen.

Landwirte siedelten an einem zentralen Ort, der am 7. Mai 1378 erstmals als „Villa Rade“ urkundlich erwähnt wurde. Es entstand die übliche ländliche Siedlungsform des Haufendorfes mit unregelmäßigem, historisch gewachsenem Grundriss. Gemeinsame dörfliche Einrichtungen wie Schule, Dorfkrug oder Schmiede gibt es leider nicht mehr. Nur die freiwillige Feuerwehr blieb erhalten. Im Gegensatz dazu beherrschen noch heute große landwirtschaftliche Hofanlagen einiger Großbauern das Ortsbild. Dichte, von Kastanien oder Linden gesäumte, teils noch kopfsteingepflasterte Alleen erschließen die ländlichen Anwesen von der Dorfstraße und verleihen Rade einen grünen, beinahe parkartigen Charakter. Viele der landwirtschaftlich genutzten Wohn- und Wirtschaftsgebäude, einige noch mit Reet gedeckt, zeugen vom Wohlstand und Reichtum einiger Familien, die das Geschehen Rades bereits seit langer Zeit bestimmen.

Dorfstraße 10, Wohn- und Wirtschaftsgebäude von 1815

Zufahrt Hofanlage Dorfstraße 10 mit behauenen Granitquadersteinen

Dorfstraße 25 – ehemals erste Rader Schule

Trotz seines Alters, seiner Bedeutung und seiner Größe gibt es in Rade keine Kirche. Die kirchliche Bindung an Rendsburg besteht bereits seit der ersten urkundlichen Erwähnung.

Inmitten des dörflichen Gefüges fällt an der Nordseite der Dorfstraße eine kleine reetgedeckte Kate ins Auge. Um 1700 errichtet, diente diese zwischenzeitlich um 1760 als erste Rader Schule. Heute spiegelt das in rotem Backstein errichtete Wohngebäude noch viel von seiner ursprünglichen Originalität wider. Reste alter Fachwerkstrukturen sind an den Längsseiten erhalten.

Ein Ausflug in das ländlich geprägte Umfeld mit zahlreichen Knicks und alten, malerischen Feldwegen lohnt sich. Des öfteren flankieren hohe, behauene Granitquadersteine die Feldzufahrten und erinnern mit eingemeißelten Jahreszahlen an ihre Entstehung, Relikte, die Einfluss und Größe der Rader Großbauern anschaulich dokumentieren.

Kastanienallee Alte Dorfstraße 27

Eine besondere Beachtung verdient der Rader Friedhof. 1901 errichtet, liegt dieser im Gegensatz zum traditionellen Standort, im Dorf unweit der Kirche, hier weit außerhalb, ca. 700 Meter westlich

Rader Friedhof

Kopfsteingepflasterte Lindenallee Dorfstraße 14/16

davon, inmitten angrenzender Felder. Viele Einzelelemente prägen die streng längsrechteckige Anlage und begründen ihre Schutzwürdigkeit. Dazu zählen neben der freien Lage weit außerhalb des Dorfes die darauf zuführende Allee, die äußerliche Abgrenzung durch hohe, alte Linden, die schmiedeeiserne Eingangspforte, das Ehrenmal für die Gefallenen beider Weltkriege sowie eine Vielzahl von alten Grabsteinen. Ein besonders schöner Blick eröffnet sich hoch oben vom Rastplatz an der Autobahn direkt südlich der Hochbrücke.

Von Rade aus empfehlen sich Wanderungen und Radtouren an den Nord-Ostsee-Kanal. Unweit des Dorfes erreicht man „Brauers Aalkate“. Die heute noch bestehenden Fischereirechte der gleichnamigen Familie existierten schon lange vor dem Bau des einstigen Kaiser-Wilhelm-Kanals für den Schirnauer See, der hier eine natürliche Grundlage für die künstliche Wasserstraße bildet. Malerische Ausblicke lenken hinüber zum Nordufer des Kanals, zum Eiderdurchstich mit der Borgstedter Enge, auf vorbeifahrende Ozeanriesen und schließlich zur Rader Insel.

Diese Insel entstand erst zwischen 1910 und 1914. Bis dahin führte der Kaiser Wilhelm-Kanal und wie zuvor auch der Eiderkanal durch die natürlich vorhandene Borgstedter Enge. Für die Passage der immer größer werdenden Schiffe reichte diese nicht mehr aus, so dass im Rahmen der ersten Kanalerweiterung der geradlinige Durchstich zwischen Schirnauer See und Audorfer See erfolgte. Das abgetrennte Gelände ist seitdem eine Insel. Ein Teil

Nord-Ostsee-Kanal, Rader Insel, Schirnauer See und Borgstedter Enge; Blick von „Brauers Aalkate"

Rader Hochbrücke mit Nord-Ostsee-Kanal und Rader Insel

der Landhälfte „Holstein" wurde sozusagen abgetrennt und ist heute nur noch über eine Brücke bei Borgstedt vom Landesteil „Schleswig" aus zu erreichen. Als Ausgleich für die erheblichen Landverluste erhielt der Landwirt Christian Thomsen damals eine größere Geldsumme, mit der er zwischen 1919 und 1921 den „Inselhof" errichten konnte. Noch heute besticht diese original erhaltene bauliche Anlage durch den für die Region eher untypischen Kalksandstein im Außenmauerwerk. Ein Abstecher auf die Rader Insel lohnt sich aber nicht nur deshalb. Wer ein wenig forschen oder Reste ehemaliger Industrieanlagen wieder entdecken möchte, sollte sich nördlich davon am Ufer zur Borgstedter Enge umschauen. Hier entstanden um 1902 die „Schleswig-Holsteinischen Kokswerke", eine Kokereifabrik zur Gewinnung von Teer und Ammoniak. Nur für kurze Zeit in Betrieb, ist von diesen Werken heute auf den ersten Blick nicht mehr viel zu erkennen. Reste einstiger Hafenanlagen im Uferbereich sind noch relativ leicht auszumachen. Lediglich eine große zweigeschossige Villa auf einer Anhöhe erinnert noch heute an die Blütezeit dieses Industriebetriebs. Ansonsten findet man nur noch zusammengebrochene, überwucherte Steinhaufen und -reste unter dichtem Buschwerk.

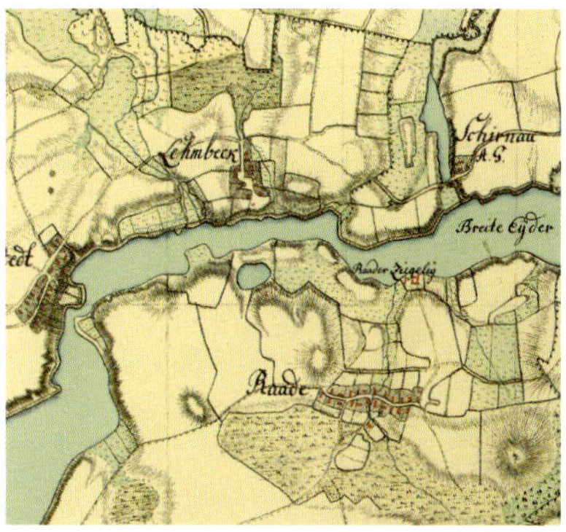

Rade; Ausschnitt aus der Varendorfschen Karte (1789–1796)

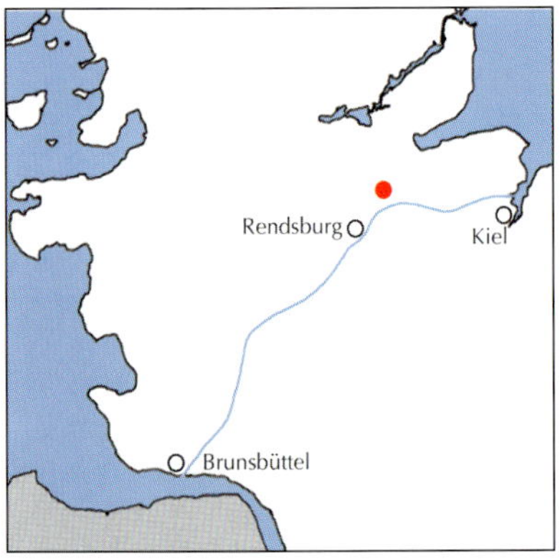

Bünsdorf („Dorf des Buni"), urkundlich erstmals um 1190 erwähnt, erfreut sich einer landschaftlich besonders reizvollen Hanglage am Südwestende des Wittensees in unmittelbarer Nähe zu den Hüttener Bergen, dort, wo die Schirnauer Au aus dem See fließt.

Zweifellos stellt die inmitten des alten Friedhofs gelegene Kirche den kulturgeschichtlichen Höhepunkt dar. Ende des 13. Jahrhunderts errichtet, handelt es sich um einen Feldsteinsaalbau mit eingezogener, gewölbter Halbrundapsis. Die Holzbalkendecke entstand erst um 1660. Zu den bedeutenden Inventarteilen zählen der Altaraufsatz, die bronzene Bechertaufe (1665) und die barocke Schnitzkanzel (1692). Im Rahmen der großen Renovierung von 1862 wurde die Westseite der Kirche mit einer roten Backsteinfassade im Baustil der Zeit verblendet.

Auf dem Friedhofsgelände befinden sich zahlreiche alte Grabanlagen und Grabmale. Nördlich der Kirche liegt das Gemeinschaftsgrab deutscher und dänischer Soldaten aus der Zeit der Erhebung Schleswig-Holsteins gegen Dänemark. Es erinnert an das Gefecht bei Stentmühlen. Zwei Grabmale zieren die Anlage. Die deutsche Übersetzung der in dänischer Sprache vorhandenen Inschrift auf dem roten Granitstein lautet: „Diesen Stein setzte das Dänische Volk über treue Söhne, die ihr Leben ließen für das Vaterland am 8. August 1850". Die Inschrift auf dem gusseisernen deutschen Grab lautet: „C.D. Bahde von Rathmannsdorf 2. S.H. Jägerc. 4 Comp. Gef. d. 8. Aug. 1850".

Grenzstein, Jagdstein

Sehr interessant ist ein Spaziergang durch das alte Haufendorf Bünsdorf, das heute noch von zahlreichen bäuerlichen Hofanlagen geprägt wird. Dabei empfiehlt sich ein Rundgang um das in der Niederung am Wittensee gelegene Straßengeviert Seeblick, Am See und Dörpstraat; anschließend entlang der von dort stetig ansteigenden Dörpstraat bis zum ca. 25 Meter höher gelegenen Möhlenbarg. Reetgedeckte alte Anwesen, aber auch neuere oder bereits modernisierte Gebäude bestimmen das Ortsbild. An der Weggabelung Dörpstraat / An de Eek erinnert eine Friedenseiche an die Erhebung von 1848-1850.

Zu empfehlen ist schließlich ein Ausflug in das landschaftlich reizvolle, hügelige, von Knicks durchzogene Gemeindegebiet,

Kirche inmitten des alten Friedhofs

Nordseite der Kirche mit Feldsteinfassade

begrenzt durch den Wittensee im Norden und den Nord-Ostsee-Kanal im Süden. Auf dem Weg nach Steinrade stößt man auf einen alten Grenzstein. Ein ca. 2,5 Meter hoher, behauener Jagdstein ragt dort aus einem Knick empor.

Südlich der Landstraße L 42 liegt das Herrenhaus des ehemaligen Gutes Steinrade. 1801 wurde es als Außenstelle von Gut Schirnau gegründet. Das zuletzt genannte, ältere Anwesen befindet sich im südwestlichsten Zipfel der Gemeinde, dort, wo die Schirnauer Au, malerisch über ein Stauwehr plätschernd, in den Schirnauer See mündet. Durch diesen natürlich vorhandenen und von der Eider durchflossenen See führt heute der Nord-Ostsee-Kanal, der die Seenlandschaft stark verändert hat.

Nahe der Gemeindegrenze zu Sehestedt liegen im Ortsteil Wentorf einige bäuerliche Hofanlagen. Besonders schön anzusehen ist das Wohn- und Wirtschaftsgebäude Wentorf 5, ein langgestreckter gelber Backsteinbau mit reetgedecktem Krüppelwalmdach, ein wenig versteckt hinter einer hohen Lindenreihe gelegen. Nahe dem Wittensee führt die Rundtour zurück nach Bünsdorf.

Bünsdorf, Dörpstraat 27

Stauwehr der Schirnauer Au nahe dem Gutshof

Die Gemeinde Bovenau umfasst eine kulturhistorisch besonders interessante und vielseitige Region. Neben dem historischen Dorfkern sind dies fünf Güter und die Kluvensieker Schleuse mit dem längsten noch erhaltenen Abschnitt des Alten Eiderkanals.

Beginnen soll der Rundgang im Dorf Bovenau. Der Ort wird 1240 im Zusammenhang mit der Kirchengründung erstmals urkundlich erwähnt. Der Ortsname weist auf die Lage des Ortes hin und bedeutet „über“ oder „oberhalb der Au“ (aus dem Niederdeutschen: bawen de Au). Gemeint ist die Mühlenau, die den kleinen Siedlungskern noch heute südlich und östlich umfließt. Bis auf wenige bauliche Erweiterungen hat es kaum Veränderungen oder Störungen des historischen Ortsbildes gegeben. Zu diesem Ensemble gehören das an der Ecke zur Kieler Straße gelegene landwirtschaftliche Wohn- und Wirtschaftsgebäude von 1744, direkt daneben die ehemalige Schule von Bovenau, ein eingeschossiger Backsteinbreitbau mit reetgedecktem Krüppelwalmdach und halbrund übergiebeltem Dielentor aus der Mitte des 19. Jahrhunderts, dem gegenüberliegenden Kirchspielkrug, der nach Brand des alten Gebäudes 1928 im Baustil der Schleswig-Holsteinischen Heimatschutzarchitektur wieder entstand und schließlich die Maria-Magdalenen-Kirche einschließlich Kirchhof und Pastorat. An dieser zentralen Stelle schufen sich die herr-

Alter Kirchhof

„Brockdorffsches Tor“

Pastorat

Frühling in Bovenau

schenden Besitzer der umgebenden Gutshöfe die Gebäude und Einrichtungen, die sie dort gemeinsam nutzten und unterhielten.

Ein Besuch der Kirche und ihres Umfeldes zählt zweifellos zu den beeindruckendsten Erlebnissen. Um 1240 als Kirchenbau gegründet, erhielt der längsrechteckige Feldsteinbau aus behauenen Granitsteinen mit spitzbogigen Fenstern und Portalen 1768 einen hölzernen Westturm mit eingeknicktem, achtseitigem Spitzhelm. Die seitlichen Gruftanbauten entstanden im 18. und 19. Jahrhundert; deutlich sichtbar ist das Brockdorffsche Familienwappen, ein fliegender Fisch, am nördlichen Anbau. Zu den herausragenden Objekten im Kircheninneren zählen die mittelalterliche Bronzetaufe, das spätgotische Triumphkreuz, die zur Patronatszeit von Wulf Jasper von Brockdorff gestifteten Gemälde, die im südlichen Anbau aufgestellten Brockdorffschen Sarkophage und die im 19. Jahrhundert eingebauten Emporen, die Holzdecke und die Orgel.

Die Kirche liegt inmitten des alten Kirchhofs mit wertvollem Baumbestand. Ein aus Granitsteinen errichteter Wall sowie zwei Zugangstore frieden die parkartige Anlage ein. Hervorzuheben ist das sogenannte „Brockdorffsche Tor" im Norden, ein Kirchhofsportal mit rundbogigem Tor und Durchgangspforte, von weißen Pilastern gerahmt und mit einem Walmdach bedeckt. Besondere Beachtung verdienen die Grabanlagen der Gutsherren, vor allem das Mausoleum der Familie Hoenck (Kluvensiek) von 1909 und das der Familie Stauffer (Steinwehr) in antikisierender Formensprache.

Maria-Magdalenen-Kirche

Gut Steinwehr, Grenzstein

In nördlicher Richtung wird dieses kirchliche Ensemble von der hofartig angeordneten Anlage des reetgedeckten Pastorats (19. Jahrhundert) mit Gemeindehaus und ebenfalls reetgedeckter alter Remise abgeschlossen.

Sehr interessant ist ein Besuch der fünf im Gemeindebereich liegenden Güter und deren Herrenhäuser, besonders erlebnisnah im Rahmen der sogenannten „Fünf-Güter-Tour“ in einer Pferdekutsche zu erkunden. Ursprünglich gab es nur zwei Güter in dieser Gegend, nämlich Osterrade und Kluvensiek. Durch Gründung von Meierhöfen kamen im Laufe der Zeit drei weitere Gutsanlagen hinzu.

1921 entstand das Herrenhaus Dengelsberg als Außenstelle von Kluvensiek, ein eingeschossiger, reetgedeckter, symmetrischer Dreiflügelbau aus Feldstein mit Blick in die angrenzende Weiden- und Wiesenlandschaft.

Das jüngste Herrenhaus steht in Steinwehr. Nach Brand eines sehr viel älteren Gebäudes entstand der heutige Bau um 1935, ein zweigeschossiger, siebenachsiger Putzbau mit dreiachsigem Mittelrisalit. Von der gartenseitigen Parkanlage bietet sich ein einzigartiger Blick auf den nördlich gelegenen Nord-Ostsee-Kanal, auf vorbeifahrende Schiffe und auf die Hüttener Berge.

Herrenhaus Steinwehr am Nord-Ostsee-Kanal

Gut Osterrade, alte Brücke und Grabenanlage

Herrenhaus Dengelsberg

Die größte Gutsanlage bildet das Gut Osterrade („östliche Rodung" oder „östlich gelegene Rodung"), ein zum Teil noch von einem alten Hofgraben umgebenes Ensemble. Das Herrenhaus entstand um 1723 und erhielt seine heutige Gestalt um 1829, ein zweigeschossiger Putzbau mit Eckrustizierung und vierfirstigem Walmdach. Mitten in der Ostfront betont eine dreiachsige Vorhalle mit toskanischen Säulen und Segmentbogengiebel die Schaufassade. Zahlreiche weitere Gebäude, darunter zwei ehemals reetgedeckte Scheunen und Stallanlagen, das eine mit Türmchen, das sogenannte „Turmhaus", das andere mit sehr hohem und steilem Dach, umschließen zusammen mit dem Herrenhaus den Gutshof. Hinter dem Herrenhaus erstreckt sich ein großer Landschaftspark mit Baumalleen und Gewächshäusern. Über die teilweise freigelegte und mit Wasser gefüllte Grabenanlage führt eine alte Brücke und vervollständigt das malerische Bild einer der bedeutendsten Schleswig-Holsteinischen Gutsanlagen.

Gut Osterrade, Turmhaus

Gut Georgenthal, im Osten der Gemeinde Bovenau gelegen, entstand um 1800 als Meierhof von Osterrade und ist bis heute ein landwirtschaftlicher Betrieb geblieben. Während die Herrenhäuser zahlreicher Güter außerhalb des Gemeindebereichs heute getrennt vom Hof genutzt werden, blieb hier die einheitliche Anlage erhalten. Von Westen kommend, erreicht man den

Gut Osterrade, Herrenhaus

Herrenhaus Georgenthal, Gartenseite mit Park

Gutshof über eine Lindenallee, durch die man einen einmaligen Blick auf die Schauseite des Herrenhauses genießen kann. Das eingeschossige und weißverputzte Gebäude wird von landwirtschaftlichen Gebäuden flankiert und von einem Landschaftspark mit altem Baumbestand umgeben. Nach Osten hat man einen wundervollen Blick auf die angrenzende Wiesen- und Auenlandschaft.

Kluvensiek („sumpfige Niederung mit einem Wasserlauf, feuchte Niederung") ist die älteste der fünf Gutsanlagen. Bereits im 15./16. Jahrhundert als Gut nachgewiesen, entstand das Herrenhaus erst 1777 und erhielt 1837 mit einem zweiten Geschoss seine heutige Gestalt. Die Schaufassade wird mit einem dreigeschossigen Mittelrisalit betont, das mit ionischen Kolossalpilastern gegliedert und mit einem Dreieckgiebel bekrönt wird. Die Wirtschaftsgebäude der Gutsanlage, die früher alle reetgedeckt waren, liegen an der Westseite der Zufahrtsallee. Die gesamte Anlage ist Teil eines herrlichen Landschaftsparks, der im Nordosten an das Ufer des Alten Eiderkanals grenzt.

Am Alten Eiderkanal und an den Kluvensieker Schleusen findet der Rundgang seinen Abschluss. Ein hervorragender Ausblick bietet sich von hier auf den mit 6 Kilometern längsten noch erhal-

Herrenhaus Kluvensiek

Herrenhaus Georgenthal, Zufahrtsallee

Alter Eiderkanal

tenen Abschnitt des Kanals westlich und östlich der Schleusen. Es handelt sich um die fünfte Schleuse zwischen Holtenau und Rendsburg. Neben den Schleusenanlagen, 1777-1784 errichtet, verdienen die gusseisernen Portale der einstigen Klappbrücke aus den Jahren 1849/50, das alte Schleusenwärterhaus, die ehemalige Pferdewechselstation, der am Nordufer in Richtung Osten verlaufende noch vorhandene Treidelweg sowie die westlich unterhalb der Schleusen sich halbrund aufweitende Wasserfläche, ursprünglich eine Ausweich- und Wartestelle, besondere Beachtung.

Nirgendwo ist das Gesamtensemble einer Schleusenanlage des Alten Eiderkanals so vollständig erhalten wie an diesem Ort. Leider wird der Eindruck zurzeit durch einige später ergänzte Überbauungen getrübt, unter anderem durch die kreuzende Landesstraße L 293 von Bovenau nach Sehestedt, einige Anglerhütten und das 1919 ergänzte Turbinenhaus. Ähnlich wie bereits bei Klein-Königsförde und Rathmannsdorf, könnte man auch diese Schleusenanlage sanieren und so instandsetzen, dass dieses bedeutende Element der Kulturlandschaft Nord-Ostsee-Kanal langfristig bewahrt und für die Zukunft gesichert werden kann.

Die Entwicklung Sehestedts ist in den vergangenen gut 100 Jahren mehr als die vieler anderer Gemeinden durch den Bau sowie anschließende Erweiterungsmaßnahmen des Nord-Ostsee-Kanals beeinflusst und eingreifend verändert worden. Ein Teil des ehemaligen Ortskerns und des Friedhofs musste dem Kanal weichen und liegt heute quasi „unter Wasser begraben“ im Kanalbett. So zerschneidet die künstlich angelegte Wasserstraße den Ort heute in zwei Teile. Südlich davon, entlang der Alten Dorfstraße, sind noch Überreste des ursprünglichen Dorfkerns zu erkennen; nördlich davon wird Sehestedt durch das denkmalwerte Ensemble von Kirche, Kirchhof, Pastorat und Alter Schule sowie durch die beeindruckenden Gebäude der sehr alten gleichnamigen Gutsanlage geprägt. Auf historischen Karten ist östlich dieses Gutes im Verlauf der Alten Eider ein kleiner See eingetragen. So begründet sich auch der Name Sehestedts, ursprünglich „Seested“ genannt, was „Stätte bzw. Wohnplatz am See“ bedeutet.

Urkundlich erstmals um 1282 erwähnt, ist die Geschichte des Dorfes seit jeher sehr eng mit der des Gutes Sehestedt verbunden. Noch heute beherrscht die Hofanlage den nördlich von Kirche und Friedhof gelegenen Bereich.

An der Abzweigung von der Hauptstraße nach Osten erreicht man über eine doppelreihige, kopfsteingepflasterte Lindenallee das 1902/05 umgebaute zweigeschossige Herrenhaus in rotem Backstein. Nahebei liegt das ehemalige Verwalterhaus. Nördlich begrenzt wird dieser parkartige Vorbereich durch einige alte, meist reetgedeckte Wirtschaftsgebäude, unter anderem eine Fachwerkkate, eine Remise sowie eine gut erhaltene, langgestreckte Fachwerkscheune. Zusammen bilden diese ein Denkmalensemble höchsten Ranges. Südlich der Zufahrtsallee prägen neuere land-

Gut Sehestedt, reetgedeckte Fachwerkscheune

Gut Sehestedt, Herrenhaus

Kirche St. Peter und Paul

wirtschaftlich genutzte Gebäude des 20. Jahrhunderts die traditionell konzipierte Gutsanlage. Auch im weiteren Umfeld, insbesondere entlang der Hauptstraße und dem Kirchenweg, ist der Einfluss des bedeutenden Gutes spürbar. Hier entstanden zahlreiche ehemalige Tagelöhnerhäuser zu unterschiedlichen Bauzeiten.

Einen zweiten kulturhistorischen Höhepunkt bildet die südlich davon, sehr nahe am Nord-Ostsee-Kanal gelegene Kirche St. Peter und Paul, die inmitten eines alten Friedhofs steht. Obwohl erst 1318 erstmals urkundlich erwähnt, ist die langgestreckte Saalkirche mit spätromanischem Feldsteinschiff noch älter als die Kirchen der Umgebung in Flemhude, Bovenau, Westensee und Dänischenhagen. Sie wurde bereits um 1200 erbaut. Der quadratische Holzturm mit achteckigem Spitzhelm an der Westwand stammt von 1648. Im Jahr 1829 verlängerte man den Bau um zwei Joche nach Osten, gut erkennbar am abweichenden Backsteinmaterial. Zur spätklassizistischen Innenausstattung zählen an der Nordwand die von acht hölzernen, marmorierten Säulen getragene Empore, die im Osten quer durch den Raum gezogene hölzerne Altarwand mit einem Ölgemälde „Christus auf dem Regenbogen" von Louise Seidler (1786-1866) sowie die von der Balkendecke hängenden zwei Kronenleuchter aus dem 18. Jahrhundert.

Neben zahlreichen anderen Grabmalen verdient das südöstlich der Kirche auf dem Friedhof gelegene sogenannte „Freischärlergrab" eine besondere Beachtung. Es erinnert an die Tage der Erhebung Schleswig-Holsteins gegen Dänemark. Ein 1,80 Meter hohes, gusseisernes Kreuz auf einem achteckigen, ebenfalls gusseisernen Sockel ist mit folgender Inschrift versehen: „Hier ruhet Johann Friedrich Diez aus Frankfurt a/M mit seinen Waffengefährten, geboren am 18. Juli 1828, geblieben im Freiheitskampfe den 21. April 1848 bei Eckernförde".

Kircheninnenraum

Südlich des Friedhofs, in unmittelbarer Nähe zum Nord-Ostsee-Kanal, liegt das Pastorat der Kirchengemeinde, ein eingeschossiger, klassizistischer Backsteinbreitbau von 1820 mit reetgedeck-

Nördlicher Zugang zum Friedhof mit Kirche und ehemaliger Schule

tem Krüppelwalmdach. Die östliche, symmetrisch ausgeführte Längsseite des Gebäudes wird mittig durch eine eingezogene Vorhalle mit einer von vier dorischen Säulen getragenen Segmentbogengaube geprägt.

Eingangs des nördlichen Zugangs zum Friedhof befindet sich das ehemalige Schulgebäude aus der zweiten Hälfte des 18. Jahrhunderts mit Erweiterungen von 1800 und 1880. Heute befindet sich in dem eingeschossigen, langgestreckten Fachwerkhaus mit ausgemauerten Gefachen und reetgedecktem Walmdach ein kleines Museum.

Der nördlich des Kanals gelegene heutige Dorfkern wird durch weitere Gebäude der Jahrhundertwende geprägt, unter anderem durch das sehr gut erhaltene Gebäude an der Hauptstraße 20 von 1889, heute Pension „Alte Schmiede", sowie die gegenüber an der Ecke Fährstraße gelegene Gaststätte „Landhaus Sehestedt".

Der Rundgang durch das nördliche Sehestedt endet an dem dreieckig sich aufweitenden Platz von Hauptstraße und Kirchenweg, dort, wo ein Denkmal an das Gefecht bei Sehestedt erinnert. Erst 1822 errichtet, steht es für den Kampf der Befreiungstruppen unter Führung des schwedischen Kronprinzen Bernadotte gegen die napoleonische Besatzung. Über einem dreistufigen Unterbau erhebt sich ein hoher Sandsteinobelisk. Vier am Sockel befestigte Bronzeplatten erinnern mit vergoldeten Emblemen und Schriftzügen an die Schlacht vom 10. Dezember 1813. Schwere Ketten auf Kanonenrohren umfassen die quadratische Anlage.

Pastorat

Fähre Sehestedt und Kirche

Unten am tiefer gelegenen Nord-Ostsee-Kanal ergeben sich zahlreiche Möglichkeiten, nach dem Rundgang durch das historische Sehestedt die andere Seite des heute eher zum Kanal hin orientierten Ortes wahrzunehmen. Bänke und Rasenflächen laden zu einer Verschnaufpause ein. Sowohl am Nordufer als auch auf der gegenüberliegenden Seite des Kanals kann man ausgedehnte Spaziergänge und Radtouren unternehmen, immer wieder mit abwechslungsreichen Blicken auf die meist befahrene künstliche Wasserstraße der Welt und auf vorbeifahrende große und kleine Schiffe inmitten einer reizvollen, leicht hügeligen Landschaft. Schließlich bietet sich eine kurze, interessante und sogar kostenlose Seefahrt an, indem man auf der ständig fahrbereiten, seit dem Bau des Kanals eingerichteten Auto- und Fußgängerfähre den Nord-Ostsee-Kanal quert und das südliche Ufer erreicht. Von der ursprünglichen Bebauung des Dorfes aus der Zeit vor dem Bau des Nord-Ostsee-Kanals hat sich im südlichen Teil nur noch eine reetgedeckte Backsteinkate erhalten.

Nicht weit entfernt, verläuft in Ost-Westrichtung der mit 6 Kilometern längste noch erhaltene Abschnitt des Alten Eiderkanals. Auf einer Länge von nahezu 2,5 Kilometern bildet dieser die Grenze zwischen den Gemeinden Sehestedt und Bovenau. Über die Gutsanlage Osterrade kann man die Schleusenanlagen bei Kluvensiek in der Gemeinde Bovenau leicht erreichen. Dort kann man sich gedanklich ins ausgehende 18. Jahrhundert zurückversetzen, als der Eiderkanal, damals noch Schleswig-Holsteinischer Canal genannt, im Jahr 1784 dem Schiffsverkehr übergeben wurde.

Denkmal „Gefecht bei Sehestedt“

Die Gemeinde Lindau („Au bei [den] Linden") besteht aus den drei Ortschaften Revensdorf ganz im Nordosten, Lindau in der Mitte um das ehemalige Gut Lindau und Groß Königsförde nahe dem Nord-Ostsee-Kanal.

Das Gut Lindau, welches der erst 1928 gegründeten Gemeinde ihren Namen gab, galt nach der Topographie des Herzogtums Schleswig von „Oldekop" als eines der ältesten Güter im Dänischen Wohld. Bereits im 15. Jahrhundert war es im Besitz der Familie von Ahlefeldt und blieb dieses für mehrere Jahrhunderte. Zu Lindau gehörten auch das Gut Königsförde, das erst 1515 von Lindau abgeteilt wurde, die Meierhöfe Hennerode und Ruckforde sowie das Dorf Revensdorp (heute Revensdorf).

Gut Lindau, ehemaliges Gärtnerhaus

Gut Lindau, Lindenallee

Lindauer Zugbrunnen

Von dem einst „Adligen Gut Lindau" ist heute nicht mehr viel vorhanden. Ein alter Stein mit einer Inschrift weist noch darauf hin. Das ehemalige Herrenhaus beherbergt heute ein Alten- und Pflegeheim. Das ursprüngliche Torhaus ist nur noch eine Ruine. Lediglich eine parkartig anmutende Wiesen- und Auenlandschaft beidseitig der Lindauer Mühlenau, von einer von Süden auf das Herrenhaus zuführenden Lindenallee durchzogen, erinnert an längst vergangene Zeiten. Eingangs dieser Lindenallee befindet sich ein vor kurzem restaurierter Zugbrunnen, der, 1823 von den Gutsherren von Ahlefeldt errichtet, bis 1986 zur ständigen Trinkwasserversorgung genutzt wurde.

Auf dem Weg nach Groß Königsförde erblickt man westlich der Kreisstraße einen beeindruckend großen Findling. Es gibt viele Geschichten und Sagen um diesen Stein. In einer Erzählung heißt es, dass der Teufel damit die Kirche von Gettorf treffen wollte, sein Ziel jedoch verfehlte. Der Stein streifte lediglich den Kirchturm, so dass dieser seitdem schief steht, flog weiter, bis er schließlich an dieser Stelle landete. Ein Besuch des so genannten „großen Steins", der zusammen mit einer Gruppe sehr alter Eichen ein Naturdenkmal darstellt, lohnt sich allemal. Auf einer Bank kann man sich an alte Sagen erinnern oder die gewaltigen Dimensionen des aus der letzten Eiszeit stammenden Felsbrockens bestaunen.

Hofidylle in Groß Königsförde

Ganz im Süden bildet der Nord-Ostsee-Kanal die Gemeindegrenze. Erholsame Spaziergänge und Radtouren entlang dieser künstlichen Wasserstraße bieten sich an und ermöglichen abwechslungsreiche Eindrücke und Ausblicke auf vorbeifahrende Schiffe und auf eine leicht hügelige, von Wäldern durchzogene, ansonsten landwirtschaftlich geprägte Knicklandschaft. Nur schwer aufzufinden, direkt am Steilufer des Nord-Ostsee-Kanals aufgestellt, erinnert ein mit der Aufschrift „Scholer 1886-1908" versehener Findling an einen der bedeutenden Erbauer dieses Kanals.

Nord-Ostsee-Kanal bei der Weiche Königsförde

Direkt gegenüber, am Südufer, erhebt sich in der heutigen Gemeinde Krummwisch der Ort Klein Königsförde mit der gleichnamigen ehemaligen Gutsanlage. Ursprünglich gehörte diese zum Gut Königsförde, dessen Ländereien sich südlich und nördlich des heutigen Kanals erstreckten. Wie an zahlreichen anderen Stellen durchschnitt der künstlich angelegte Nord-Ostsee-Kanal eine über Jahrhunderte gewachsene Kulturlandschaft, die über die gesamte Länge nur noch an wenigen Punkten durch Brücken oder Fähren verbunden ist.

Der „Große Stein" an der Königsförderstraße

Der Ortsname Krummwisch („Krumme Wiese") entstand angeblich in Zusammenhang mit der Alten Eider, die nahe am nördlichen Dorfrand in einer weit nach Süden sich ausdehnenden Krümmung, reizvoll eine Wiese einfassend, verläuft. Die kleine Ansiedlung entlang der Dorfstraße liegt inmitten einer anmutigen, hügeligen, landwirtschaftlich geprägten Landschaft, abseits vom Lärm und Schmutz wichtiger Verbindungsstraßen und ist, seit der Preußischen Landesaufnahme von 1877 kaum gewachsen. Dennoch ist die Zeit nicht spurlos vorübergegangen; auch Krummwisch hat sein Ortsbild verändert. Lediglich das reetgedeckte Gebäude der ehemaligen Schule lässt ein wenig von der ursprünglichen dörflichen Atmosphäre erahnen.

Ein Ausflug zum ganz im Nordwesten der Gemeinde gelegenen Ortsteil Klein Königsförde lohnt sich allemal. Direkt vor der Gartenseite des Herrenhauses des gleichnamigen Gutes beginnt ein noch erhaltener Abschnitt des Alten Eiderkanals, der einen Kilometer weiter östlich an der vor zwanzig Jahren restaurierten Schleuse und den zeitgleich nachgebauten Portalen einer zweiteiligen Klappbrücke endet. Ein hoher, künstlich aufgeschütteter Berg aus Erdmassen, die bei den Ausschachtungsarbeiten für den Bau des Nord-Ostsee-Kanals hier angehäuft wurden, versperrt leider den Blick und vermindert die Vorstellung, dass der Alte Eiderkanal ursprünglich geradlinig verlief, weiter bis zum Gut

Längster noch erhaltener Abschnitt des Eiderkanals zwischen Klein Königsförde und Kluvensiek

Rosenkrantz. Am Südufer des noch erhaltenen Kanalabschnitts verläuft ein schmaler, von Gras bewachsener Streifen, der zum Spazierengehen einlädt. Hier kann man auf den Überresten eines ehemaligen Treidelweges wandeln, und so manch einer mag sich vorstellen, wie früher Pferde die an Seilen vertäuten Schiffe voranzogen.

Obstwiese in Klein Königsförde

Wer sich für die Geschichte des Alten Eider- bzw. des Schleswig-Holsteinischen-Canals genauer interessiert, findet hier, in Klein Königsförde, ideale Möglichkeiten, sich auch den nicht mehr vorhandenen, im Kanalbett des Nord-Ostsee-Kanals untergegangenen Verlauf vorzustellen. Schon 1.000 Meter westlich davon beginnt der mit ca. 6 Kilometern längste noch erhaltene Kanalabschnitt.

Ganz im Osten der Gemeinde Krummwisch, am Flemhuder See, beherrschte ursprünglich eine der bedeutendsten Gutsanlagen der Region eine in den See hineinragende Halbinsel. Das Gut Groß Nordsee ist heute leider nicht mehr vorhanden. Viele Gebäude brannten nieder oder wurden abgebrochen. Lediglich die von Süden auf das parkartige Gelände zuführende 500 Meter lange Lindenallee, im letzten Abschnitt mit Kastanien bestückt, gibt einen letzten Hinweis auf den einst sehr einflußreichen Hof. Beim Vergleich der heutigen Situation mit der zu Zeiten der Preußischen Landesaufnahme fällt auf, dass die Ufer des Flemhuder Sees weit zurückgegangen sind. Hervorgerufen wurde dies durch die 7 Meter starke Absenkung des Sees während der Durchbrucharbeiten beim Bau des Nord-Ostsee-Kanals, so dass der See bis auf das heutige Wasserniveau leerlief. Die Halbinsel bei Groß Nordsee ragt daher nicht mehr in den See, sondern in eine flache Wiesenlandschaft hinein.

Allee bei Groß Nordsee

Alter Eiderkanal und Schleuse bei Klein Königsförde

Schinkel wurde urkundlich erstmals um die Wende vom 13. zum 14. Jahrhundert erwähnt, damals noch als Burg Schinkel. Erst später entstand das Gut Schinkel mit dem dazugehörigen Dorf. Die Umbenennung zum Gut Rosenkrantz erfolgte 1828, als Dr. Robert Weber aus Elberfeld, der mit Alexine von Rosenkrantz aus einem alten dänischen Adelsgeschlecht verheiratet war, das Anwesen kaufte.

Dieser kurze geschichtliche Exkurs schließt mit dem kulturhistorischen Höhepunkt der Gemeinde Schinkel, dem Gut Rosenkrantz, heute einem der bedeutendsten ökologisch orientierten landwirtschaftlichen Betriebe Norddeutschlands. Abgesehen von der bereits wieder abgebrochenen reizenden Orangerie, präsentiert sich die Gutshofanlage noch weitgehend in ihrer ursprünglichen Pracht aus der Zeit um 1900.

Von Osten kommend, grenzt ein bemerkenswertes Torhaus die axial-symmetrische Anlage ab. 1895 errichtet, besteht der eingeschossige Putzbau in italienischem Renaissance-Stil aus dem eigentlichen Tor, einer Wagendurchfahrt mit seitlichen schmalen Durchgängen, die durch gestaffelte Halbrundbögen auf schlanken Säulen unter einem flachen Giebel zusammengefasst sind sowie aus zwei je dreiachsigen seitlichen Stalltrakten. Die Fassadengliederung besteht aus Pilastern und Blendbögen. Die Hoffassade wird zusätzlich durch eine vorgestellte Säulenreihe und plastische Pferdeköpfe in den Arkaden bereichert.

Der anschließende Vorhof wird von zwei annähernd identisch ausgeführten Wirtschaftsgebäuden, den sogenannten „Kavalierhäusern", gerahmt, die heute überwiegend Wohnzwecken dienen. Wenn man anschließend weiter nach Westen geht, durchschreitet man eine schmiedeeiserne Pforte und erreicht den zweiten Vorhof, den eigentlichen Vorbereich des Herrenhauses.

Der ehemals eingeschossige, siebenachsige Bau, 1791 errichtet, präsentiert sich nach Umbaumaßnahmen von 1889 bis 1900

Gut Rosenkrantz, Herrenhaus

Gut Rosenkrantz, Herrenhaus, Gartenseite mit Landschaftspark

Gut Rosenkrantz, Torhaus

heute zweigeschossig, elfachsig, symmetrisch, ergänzt durch zwei weitere, nach Süden angebaute Achsen. Seiten- und Mittelrisalit schließen mit flachgeneigten Giebeln ab. Sowohl beim Torhaus als auch beim Herrenhaus handelt es sich um Kulturdenkmale von besonderer Bedeutung.

Gartenseitig grenzt ein ausgedehnter Landschaftspark an, der in einen dichten Wald übergeht. Eine Lindenallee, mit zwei Grenzsteinen beginnend, führt bis zu einer kleinen, mitten im Wald gelegenen, von einem schmiedeeisernen Zaun eingefriedeten Familienbegräbnisstätte der heutigen Gutsherren.

Südlich des Gutes Rosenkrantz blieb ein 700 Meter langer, im mittleren Bereich leicht verlandeter Abschnitt des Alten Eiderkanals bis heute erhalten. Ein wenig versteckt gelegen, ist dieser Kanalabschnitt nicht so bekannt wie die Abschnitte bei Rathmannsdorf, Klein Königsförde und Kluvensiek. Es fällt nicht schwer, sich vorzustellen, wie sich dieser Kanal ursprünglich nach Osten fortsetzte. Auf einer Länge von 250 Metern zeichnet sich Form und Verlauf auf einer flachen Wiese, seitlich von alten Bäumen begrenzt und von einem Entwässerungsgraben durchzogen, noch sehr deutlich ab, bis zu der Stelle, an der der

Gut Rosenkrantz, Hofseite des Torhauses

Alter Eiderkanal bei Gut Rosenkrantz

Alte Eiderkanal im Kanalbett des neuen Nord-Ostsee-Kanals verschwindet. Ein Vergleich der heutigen Situation mit der zu Zeiten der Landesaufnahme des Herzogtums Holstein durch Varendorf von 1789 bis 1796 oder der Preußischen Landesaufnahme von 1877 ermöglicht sehr interessante Erkenntnisse, wie der Alte Eiderkanal ursprünglich weiter verlief und zeigt deutlich, wie das Gut Rosenkrantz, ehemals Burg Schinkel, zumindest Ende des 18. Jahrhunderts noch von einem Wassergraben umgeben und geschützt war.

Ein lohnender Spaziergang am Nord-Ostsee-Kanal entlang, vorbei an der Weichenstation Gross Nordsee, bis hin zum noch gut erhaltenen, in rotem Ziegelstein ausgeführten Einlaufbauwerk der Schinkeler Au und zurück über einen Weg direkt zum Dorf Schinkel ermöglicht interessante Ausblicke. Dort angekommen, lohnt sich eine Fortsetzung des Rundgangs um den alten Dorfkern, begrenzt von Rosenkranzer Weg, Senfstraße und Raiffei-

Schinkel, Rosenkranzer Weg 65

Schinkel, Rosenkranzer Weg 76

Reetdachkate am Schinkelhüttener Weg

senstraße. Alte, teils noch reetgedeckte Gebäude und landwirtschaftliche Hofanlagen prägen das Erscheinungsbild.

In den Ortsteilen Schinkelerhütten, Roggenrade und Schinkeler Moor, nördlich der die Gemeinde quer durchziehenden Kreisstraße gelegen, verdienen zahlreiche überwiegend noch reetgedeckte Einzelhöfe und Katen besondere Beachtung. Hier, nordwestlich des Roggenrader Weges, gegenüber dem Friedhof gelegen, fällt eine moderne Kirchenanlage, bestehend aus einer Kapelle und einem freistehenden Glockenturm, auf. Diese 1959 von den bekannten Kirchenbauarchitekten Barbara und Wolfgang Vogt errichtete Kirche zählt zu einer Serie von Kirchenbauten ähnlichen bzw. gleichen Bautyps, deren Vorbild die Filialkirche in Groß Vollstedt bildet.

Kirche am Roggenrader Weg

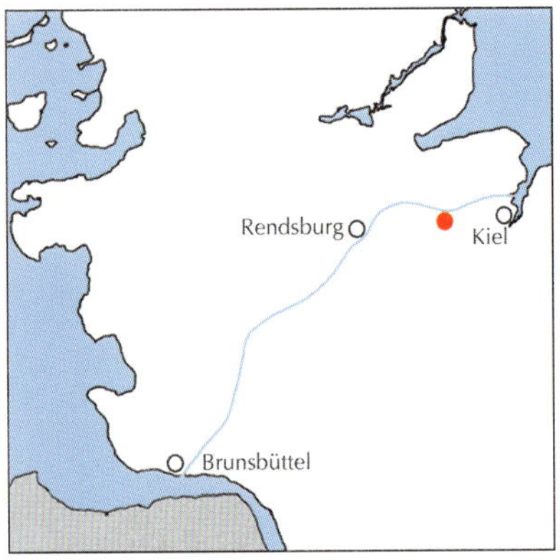

Den Mittelpunkt der Gemeinde Quarnbek bildet die gleichnamige Gutsanlage, die sich einschließlich der dazugehörigen Parkanlage aus einer von der Melsdorfer Au nördlich umflossenen Niederung erhebt. Der Ortsname stammt aus dem Niederdeutschen und bedeutet „Mühlenbach" (Quarn = Mühle, Bek = Bach).

Das Gut Quarnbek zählt zweifellos zu den beeindruckendsten Gutsanlagen in Schleswig-Holstein, insbesondere das 80 Meter lange Torhaus, das den Wirtschaftshof nach Westen abschirmt. Der rote Backsteinbau entstand in mehreren Bauphasen, zuerst der dreiachsige und zweigeschossige Mitteltrakt mit tonnengewölbter Durchfahrt, der durch weiße Lisenengliederung und Segmentbogengiebel besonders hervortritt und durch eine Bauinschrift auf 1671 datiert ist. Zu beiden Seiten schlossen sich im 18. Jahrhundert Seitenflügel an, die 1904 um ein Halbgeschoss mit Mansarddach erhöht wurden. Zu den bemerkenswerten Details zählen ein Sandsteinrelief über der Tordurchfahrt und eine Wappentafel mit Inschrift an der Südwestseite sowie eine Uhr und eine Glocke zur Hofseite.

Gut Quarnbek, Neues Herrenhaus

Vor dem Torhaus verläuft ein tiefer Graben, der ursprünglich mit Wasser gefüllt war und den Gutshof zusätzlich schützte. Von der Kopfsteinpflasterstraße, die vor dem Graben verläuft und von hohen Linden flankiert wird, bietet sich auch heute noch ein unvergleichlicher Blick auf das sehr gut erhaltene Gesamtensemble.
Durch das Torhaus erreicht man den ebenfalls kopfsteingepflasterten Wirtschaftshof, der im Norden durch einen langgestreckten Ententeich und eine Lindenallee eingefasst ist. Daran anschließend liegt, hinter hohen Bäumen versteckt, das alte Herrenhaus, ein eingeschossiger Putzbau vom Anfang des 19. Jahrhunderts mit zweigeschossigem Mittelrisalit und hohem Mansarddach. Weitere Wirtschaftsgebäude, Ende des 19. Jahrhunderts entstanden, prägen das nähere Umfeld.

Gut Quarnbek, Teichanlage

Gut Quarnbek, Altes Herrenhaus

Gut Quarnbek, Torhaus

Flemhude, Lindenkamp

Besondere Aufmerksamkeit gebührt dem großen östlich angrenzenden, sehr gepflegten Landschaftspark, in dessen Mitte sich das 1907 im Jugendstil errichtete neue Herrenhaus prachtvoll erhebt.

Nordwestlich der Gutsanlage liegt das kleine Dorf Quarnbek. Hier entstanden zu unterschiedlichen Zeiten zahlreiche ehemals zum Gut gehörende Landarbeiterhäuser.

Zu einem besonders eindrucksvollen Erlebnis gehört der Besuch des Ortsteils Flemhude, ganz im Süden nahe der Gemeindegrenze zu Achterwehr gelegen. Schon der Ortsname lässt vermuten, dass das Dorf von Holländern besiedelt wurde. Wörtlich bedeutet Flemhude „Anlegeplatz der Flamen“. Noch heute strahlt der Ort eine außergewöhnlich gepflegte und ruhige Atmosphäre aus.

Von der Landstraße L 194 führt der von hohen und alten Linden alleeartig gesäumte Lindenkamp in den Ortskern. Sogleich tritt man in eine Oase der Ruhe ein. Man sollte deshalb den Ort besser zu Fuß oder mit dem Rad als mit dem Auto erkunden. Rechts liegt der längsrechteckige von Linden umstandene Friedhof. Zahlreiche alte und noch reetgedeckte Häuser, einige von ihnen in einem sehr guten Erhaltungszustand, prägen den wei-

Flemhude, Kirche St. Georg und Mauritius

Flemhude, Kirche St. Georg und Mauritius

Flemhude, Achterwehrer Schifffahrtskanal

Flemhude, Herbststimmung

teren Verlauf des Lindenkamps. Am Eingang zum Schüttenredder beherrscht eine zweistämmige, sehr alte Linde die platzartige Aufweitung. Nördlich davon steht das ehemalige Pfarrwitwenhaus, ein eingeschossiger Fachwerkbau mit weiß geschlämmten Gefachen und mittigem sowie übergiebeltem Zwerchhaus, das weit in das reetgedeckte Walmdach hineinreicht.

Schließlich erreicht man den eigentlichen Ortskern von Flemhude. Gegenüber dem malerischen Gasthof „Zum Lindenkrug" mit seinem einladenden Biergarten liegen das ehemalige Schulhaus an der Ecke zum Kirchkamp, heute ein Wohngebäude, und die aus dem 13. Jahrhundert stammende Kirche St. Georg und Mauritius inmitten des umfriedeten alten Kirchhofbereichs. Das ursprüngliche Erscheinungsbild der langgestreckten Feldsteinkirche aus behauenen Granitsteinen und spitzbogigen Fenstern und Portalen wurde durch das gewalmte Kupferdach mit einem kleinen Westgiebeltürmchen von 1766 und mehreren Gruftanbauten verändert.

Flemhude, ehemaliges Pfarrwitwenhaus

Unweit verläuft der Achterwehrer Schifffahrtskanal. Dieser Schifffahrtskanal ist erst entstanden, als der Nord-Ostsee-Kanal gebaut wurde. Ursprünglich lag Flemhude mit einem kleinen Hafen direkt am damals sehr viel größeren Flemhuder See, so dass man den Ort mit kleinen Schiffen direkt über die Eider von der Nordsee aus erreichen konnte. Da der Nord-Ostsee-Kanal das Nord-

Bei Landwehr, Schiffsaufbauten ziehen durch die Landschaft

ende des Flemhuder Sees abschneiden und nahezu auf Meeresspiegelhöhe 7 Meter tiefer durch die hügelige Landschaft führen sollte, musste man den Wasserspiegel des Flemhuder Sees deutlich absenken. Flemhude lag seitdem „auf dem Trockenen". Erst 1913 änderte man diesen Zustand. Die Eider wurde umgelenkt, kanalisiert und bei Strohbrück durch eine Schiffsschleuse aufgestaut, so dass der Ort über den Achterwehrer Schifffahrtskanal seine direkte Anbindung an die Nordsee zurückerhielt. Leider ist diese Verbindung seit einigen Jahren erneut unterbrochen, da sich die Strohbrücker Schleuse aufgrund zu hoher Sanierungskosten außer Betrieb befindet. Heute lädt der Achterwehrer Schifffahrtskanal zu romantischen Paddel- und Rudertouren über den oberen Lauf der Eider bis zum Westensee ein.

Nördlich von Quarnbek erreicht man die direkt am Nord-Ostsee-Kanal gelegenen Ortsteile Strohbrück und Landwehr. Der Ort Landwehr erhielt seinen Namen nach einer ehemaligen Landwehr mit Wall und Graben zwischen dem Flemhuder See und der Levensau, die beim Bau des Eiderkanals zerstört wurde. Eine alte Wegeverbindung, der Heerweg, musste auch nach Bau des Nord-Ostsee-Kanals durch die gleichnamige Fährverbindung aufrechterhalten werden. Hier kann man sehr gut nachvollziehen, wie tief der Kanal in die ansonsten sehr viel höher gelegene, hügelige Endmoränenlandschaft eingeschnitten wurde. Die in

Hügelige Knicklandschaft bei Landwehr

Fähre Landwehr am Nord-Ostsee-Kanal

leichten Serpentinen ausgeführte, unten zur Fährstation führende Straße, aber auch ein Blick von oben, von der Landstraße, über die bewegte Knicklandschaft mit durch die Landschaft ziehenden Schiffsaufbauten zeugen davon. Oberhalb der Fährstation entstanden Ende des 19. Jahrhunderts mehrere Wohnhäuser, die noch heute von dem mehrmals täglich wechselnden Fährpersonal genutzt werden.

Ein Abstecher zur bereits erwähnten Schleuse Strohbrück lohnt sich allemal. Trotz der Stilllegung kann man die Höhe der Schleuse und damit verbunden die zu überwindende Höhendifferenz zwischen den Wasserspiegeln des Achterwehrer Schifffahrtskanals und des Nord-Ostsee-Kanals von ungefähr 7 Metern noch gut erkennen. Gleichzeitig mit der Schleuse entstand 1913 das Kraftwerk Strohbrück. In unmittelbarer Nähe zur Schleuse errichtet, handelt es sich um den eigentlichen Eidereinlauf in den Nord-Ostsee-Kanal. Die im Wasserkraftwerk gewonnene Energie versorgt heute das Gut Quarnbek mit Strom.

Ganz im Osten, nahe der Gemeindegrenze zu Ottendorf, liegt das Dorf Stampe (aus dem Niederdeutschen = „Stampfmühle"). Ursprünglich eine bäuerliche Ansiedlung unweit des Gutes Dorotheenthal ist die Ortschaft in den vergangenen Jahrzehnten zu einer größeren Vorstadtansiedlung der Landeshauptstadt Kiel zusammengewachsen. Einige der reetgedeckten Gebäude erinnern an frühere Zeiten. Besondere Beachtung verdient die an der Alten Landstraße Ecke Reimershof gelegene Obstwiese mit Apfelbäumen, die zur Obstblüte im Frühjahr und zur Obstreife im Herbst herrlich anzusehen ist.

Obstwiese bei Stampe

Ein relativ langer Abschnitt des nördlichen Nord-Ostsee-Kanalufers grenzt an die Gemeinde Neuwittenbek („Wittenbek = weißer Bach"). Da der Kanal in diesem Abschnitt eine recht hügelige Landschaft durchschneidet, bieten sich oft sehr reizvolle und malerische Blicke auf den Kanal sowie auf große Schiffe, die scheinbar durch die Landschaft gleiten. Von Ost nach West folgend, liegen an der durch die Gemeinde führenden Kreisstraße die Ortschaften Levensau, Altwittenbek, der Charlottenhof, Neuwittenbek, Gut Warleberg und Landwehr.

Die Landschaft um Levensau, einst geprägt durch den Alten Eiderkanal, ist durch den Bau des Nord-Ostsee-Kanals maßgeblich verändert worden. Der bereits in „Charlottenhof" beginnende, stetig ansteigende Eisenbahndamm entstand erst im Zuge der Umlenkung der Eisenbahntrasse Flensburg-Kiel über die für den Nord-Ostsee-Kanal neu erbaute Eisenbahn- und Straßenhochbrücke von Levensau. Obwohl sich die beeindruckende Brücke auf Kieler Stadtgebiet befindet, lohnt auch ein Blick auf den Damm, der nahe dem „Gasthof Levensau", auch unter dem Namen „Schweinsgeige" bekannt, von dem bereits 1893 fertiggestellten Autotunnel durchquert wird. Der Schlussstein des äußeren Gewölbebogens ist mit dieser Jahreszahl versehen.

Containerschiff auf dem Nord-Ostsee-Kanal

Levensauer Hochbrücke

Nord-Ostsee-Kanal südlich Neuwittenbek

Die südwestlich der Auffahrt zur alten Levensauer Hochbrücke bis zum Nord-Ostsee-Kanal verlaufende Grenze zwischen der Stadt Kiel und dem Kreis Rendsburg-Eckernförde folgt genau dem einstigen Verlauf des Alten Eiderkanals. Noch heute ist ein 500 Meter langer, bereits zugeschütteter Kanalabschnitt sehr gut erkennbar, gekennzeichnet durch ein steil ansteigendes, oben bewaldetes Gelände östlich der Kreisgrenze. Ein weiterer, ca. 600 Meter langer, ebenfalls zugeschütteter oder trockengelegter Abschnitt des Alten Eider- bzw. Schleswig-Holsteinischen-Canals befindet sich südlich des Dorfes Neuwittenbek in unmittelbarer Nähe zum Nord-Ostsee-Kanal, auch für Laien gut erkennbar an der in einem leichten Bogen nördlich um eine Aufschüttung herumführenden Niederung.

Neuwittenbek, Grünanlage mit Gedenksteinen

Eingangs des Dorfes Neuwittenbek, von Altwittenbek kommend, liegt nördlich der Straße in malerischer Umgebung inmitten eines herrlichen Gartens, einem kleinen Landschaftspark mit altem Baumbestand, der Charlottenhof, ein eingeschossiger, neunachsiger weißer Putzbau mit Krüppelwalmdach, dessen mittlere drei Achsen straßenseitig zweigeschossig ausgebildet sind und mit einem Giebel abschließen. Dabei handelt es sich um den ehemaligen Alterssitz des Gutes Warleberg. Direkt westlich daneben steht ein reetgedecktes Fachwerkhaus, einst Gärtnerhaus von Charlottenhof.

Knicklandschaft südlich von Gut Warleberg

Noch heute spürt man ein wenig dörfliche Atmosphäre, wenn man den ursprünglichen Siedlungskern Neuwittenbeks im Straßendreieck Hauptstraße, Dorfstraße, Gettorfer Weg durchstreift. Dies bewirken u. a. eine Grünanlage mit altem Baumbestand und Gedenksteinen für die Gefallenen beider Weltkriege, die ehemalige Schule, heute ein reines Wohngebäude, ein langgestreckter

Charlottenhof

Neuwittenbek, Dorfstraße 9

Fachwerkbau mit roten Backsteinausfachungen und reetgedecktem Krüppelwalmdach sowie eine Friedenseiche, ein Gedenkbaum zur Erinnerung an die Kriege von 1848/50 und 1870/71.

Den Abschluss einer Sackgasse an der Dorfstraße 9 bildet ein giebelständig, noch reetgedecktes, ehemals landwirtschaftlich genutztes Wohn- und Wirtschaftsgebäude. Aufgrund einiger Veränderungen konzentriert sich der bauhistorische Wert heute vorrangig auf den nach Süden zum kopfsteingepflasterten Hof hin gerichteten Fachwerkgiebel mit Backsteinausfachungen und Krüppelwalmdach. Die im Holz eingetragenen Jahreszahlen 1881 und 1650 weisen auf die Bauzeiten hin, wobei der heutige Zustand der von 1881 bzw. 1817 sein dürfte.

Ein ähnliches, reetgedecktes, ehemals landwirtschaftliches Wohn- und Wirtschaftsgebäude steht an der Hauptstraße 21. Auch hier liegt der bauhistorische Wert des Objektes im noch original erhaltenen straßenseitigen Fachwerkgiebel mit Backsteinausfachungen. Den nördlich vorgelagerten, kopfsteingepflasterten Hof schließt seitlich ein altes Stallgebäude, ebenfalls ein Fachwerkbau mit Ziegelausfachungen, ab. Das gegenüberliegende Altenteilerhaus vervollständigt die ehemalige klassische Hofanlage einer Hufe.

Ganz im Westen der Gemeinde Neuwittenbek liegt das Gut Warleberg. Urkundlich erstmalig um 1300 erwähnt, wird das Anwesen heute von Bauten aus dem beginnenden 20. Jahrhundert geprägt. Gleich beim Betreten des Gutshofes fällt der ehemalige Kuh- und Pferdestall mit Dachreiter, einem turmartigen Häuschen für Uhr, Glocke und Wetterfahne, auf. Inmitten einer großzügigen Garten- und Parkanlage erhebt sich das um 1910 errichtete neue Herrenhaus, ein zweigeschossiger elfachsiger Putzbau mit hohem Sockelgeschoss und drei betont vorgezogenen Mittelachsen. Besondere Beachtung verdient die anschließende Parkanlage mit weitläufigen Rasenflächen, einigen Baumsolitären sowie einer an drei Seiten geschlossenen Lindenallee. Obwohl dem ausgeführten Baustil der Gründerzeit bauhistorisch kein besonderer Wert zuzumessen ist, handelt es sich in diesem Fall um eine der größten ausgeführten, noch sehr gut erhaltenen Gutsanlagen des frühen 20. Jahrhunderts.

Gut Warleberg, ehemaliger Kuh- und Pferdestall

Zuletzt sei noch einmal auf den langen, fußläufig aber auch mit dem Fahrrad sehr gut erschlossenen Abschnitt entlang des Nord-Ostsee-Kanals hingewiesen. Zwei um 1913 vollendete Einlaufbauwerke, eines für die Felmer Au, das andere für die Levensau, sind noch original erhalten. Ferner liegt oberhalb des Nord-Ostsee-Kanals ein Doppelhaus, das einst Bediensteten der nicht mehr vorhandenen Weiche Neuwittenbek als Dienstwohnung zur Verfügung stand. Dabei handelt es sich um ein gut erhaltenes Gebäude eines Haustyps, der um 1898 an verschiedenen Standorten des Kanals errichtet wurde. Bei Landwehr quert eine ständig fahrbereite Auto- und Fußgängerfähre den Nord-Ostsee-Kanal. An dieser Stelle musste eine sehr wichtige Nord-Südverbindung, der Alte Heerweg, die schon vor dem Bau der künstlichen Wasserstraße in Form einer Wegeverbindung bestand, durch die Fähre aufrechterhalten werden.

Gut Warleberg, Gartenseite des Herrenhauses

Gut Warleberg, Lindenallee

Ottendorf („Dorf des Odde, Otte, Otto"), um 1270 erstmals urkundlich erwähnt, hat sich entlang der gewunden verlaufenden Dorfstraße entwickelt. Abgesehen von zwei Neubaugebieten ist der Ort seit der Vermessung des Landes im Rahmen der Preußischen Landesaufnahme von 1877 kaum gewachsen. Dennoch hat sich das Ortsbild eingreifend gewandelt.

Ursprünglich prägten bäuerliche Hofanlagen das alte Haufendorf an der Dorfstraße, dem Kanalweg (ehemals Schebbens Redder) und dem Batterieweg (ehemals Blöcken Redder). Zahlreiche dieser alten, noch bis in die zweite Hälfte des 20. Jahrhunderts bewirtschafteten und reetgedeckten Bauernhöfe sind nicht mehr vorhanden, sie wurden häufig durch Brand vernichtet. Die wenigen verbliebenen Hofanlagen sind stark verändert und werden nur noch selten landwirtschaftlich genutzt.

Dorfstraße 37

Einen Eindruck vom ursprünglichen Charakter des Dorfes kann man beim Betrachten des kulturhistorisch bedeutenden Gebäudeensembles Dorfstraße 37 gewinnen, das sich gegenüber dem kleinen Dorfteich befindet. Mit seinem zur Straße hin gerichteten original erhaltenen Giebel steht hier ein reetgedecktes Fachhallenhaus von 1795, ein Zweiständerhaus mit vierfach

„Kastanienhof"

Detail Dorfstraße 37

über verzierten Knaggen vorkragendem Giebel. Westlich daneben, mit der Traufe zur Straße und dem Eingangsgiebel zum kopfsteingepflasterten Hof gerichtet, erhebt sich die dazugehörige Scheune, ein ebenfalls reetgedecktes Zweiständerhaus von 1836 mit ausgemauerten Gefachen und Krüppelwalmdach; im Gebäudeinnern findet man noch das original erhaltene Gefüge mit wandfesten Ausstattungen.

Dörfliche Idylle im November

Außerhalb des Ortskerns verdienen zwei weitere reetgedeckte, ehemalige Wohn- und Wirtschaftsgebäude besondere Beachtung. Nördlich des Ottendorfer Weges, auf halber Strecke zwischen Ottendorf und Kronshagen, liegt der sog. „Kastanienhof", der 1793 als Fachhallenhaus errichtet wurde. Äußerlich erscheint er gelungen saniert, im Inneren ist er jedoch stark verändert. Kurz vor der Kieler Stadtgrenze, am Heidenberger Weg, erhebt sich eine weitere ursprünglich landwirtschaftlich genutzte Hofanlage. Schon von der Straße gut einsehbar ist der erhaltene Fachwerkgiebel des ehemaligen Wohn- und Wirtschaftsgebäudes; heute dient es reinen Wohnzwecken. Zu diesem Hof gehören weitere Stallungen sowie ein sich im Wiederaufbau befindliches Backhaus.

Ein nahe gelegener, einseitig mit einer dichten Ahornreihe bepflanzter Feldweg führt zurück nach Ottendorf. Von dort hat man einen herrlichen Blick auf das Dorf und die hügelige, von Knicks und Feldern geprägte Endmoränenlandschaft bis hin zum Nord-Ostsee-Kanal, dessen Verlauf man erahnen kann, wenn hohe Kreuzfahrt- oder Containerschiffe wie von Geisterhand geführt durch die Landschaft ziehen.

Ehemals landwirtschaftliche Hofanlage am Heidenberger Weg während der Löwenzahnblüte

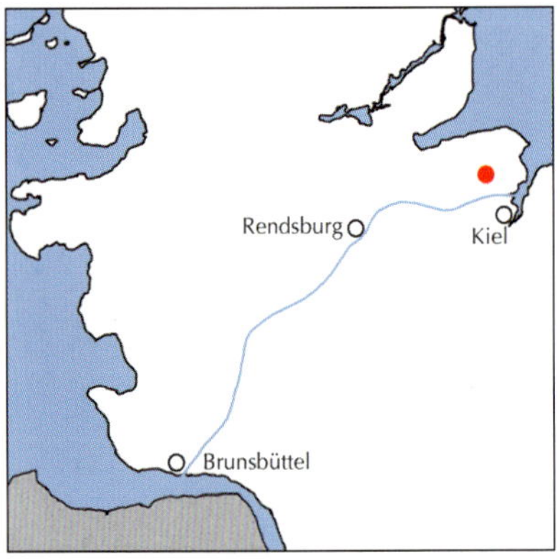

Felm, urkundlich erstmals um 1300 erwähnt, gehörte zusammen mit Krück und weiteren Einzelhofstellen lange Zeit zum außerhalb des Kirchspiels Gettorf gelegenen Herrensitz Kaltenhof; Felmerholz seit Ende des 18. Jahrhunderts zum Gut Rathmannsdorf. Erst seit 1928 besteht die politische Gemeinde Felm.

Das Haufendorf Felm, umgeben von großen Wald- und Moorgebieten, im Norden Forst Stodthagen und Kaltenhofer Moor, im Osten Felmer Moor und Knooper Holz, im Süden Holliner Holz, liegt in einer leicht hügeligen, von Knicks durchzogenen, landwirtschaftlich genutzten, von der letzten Eiszeit geprägten Endmoränenlandschaft. Mitten im alten Ortskern fällt an der Weggabelung Dorfstraße/Lange Reihe das Ehrenmal für die Gefallenen beider Weltkriege auf, betont durch eine hohe, dichte Lindenreihe, die die dreieckige Rasenfläche markant umrahmt.

Eingangs des Stodthagener Forstes, von Krück kommend, liegen zwei alte, reetgedeckte Gebäude. Bei dem vorderen handelt es sich um das ehemalige Forsthaus, eine kleine, ursprünglich auch landwirtschaftlich genutzte Hofanlage. Direkt am Waldrand steht eine Kate, ein Fachwerkgebäude mit Ausfachungen in rotem Backstein. Heute befindet sich in dem Wohnhaus auch die Forstverwaltung Stodthagen.

Ganz im Süden der Gemeinde Felm erhebt sich die Gutsanlage von Rathmannsdorf. 1325 erstmalig erwähnt, war sie um 1600 ein Meierhof mit Dorf und gehörte zum Gut Knoop.

Hügelige, von Wäldern durchzogene Endmoränenlandschaft während der Rapsblüte

Herrenhaus Gut Rathmannsdorf, Hofseite

Herrenhaus Gut Rathmannsdorf, Gartenseite

Gut Rathmannsdorf, Scheunenensemble

Heute liegt der Gutshof ein wenig versteckt in einem schönen, wenn auch recht verwilderten Landschaftspark südlich der Kreisstraße 19, einer Verbindungsstraße nach Altenholz. Die ursprüngliche Wegeverbindung führte näher am Gut vorbei. Sie zweigt von der Kreisstraße in einem leichten Bogen ab und ist, teilweise noch als Kopfsteinpflasterstraße erhalten, von einer alten Lindenallee und einigen Tagelöhnerhäusern aus unterschiedlichen Bauzeiten flankiert. Die Hofanlage selbst wird von zwei beeindruckenden Scheunen beherrscht. Leider sind die Krüppelwalmdächer nicht mehr mit Reet eingedeckt. Eingangs der zugewachsenen Parkanlage steht das beschauliche Herrenhaus, ein eingeschossiger, siebenachsiger weißer Putzbau mit Krüppelwalmdach aus dem 19. Jahrhundert. Sowohl zur Eingangs- als auch zur Gartenseite nach Westen sind die drei übergiebelten Mittelachsen geringfügig vorgestellt und ragen in die Dachflächen hinein.

Reetdachkate am Stodthagener Forst

Altenholz, was „zum alten Holz, Gehölz, Wald" bedeutet, ist eine relativ junge Gemeinde. Die zusammen gewachsenen Dörfer Klausdorf und Altenholz sowie das Gut Stift wurden 1933 als Gemeinde Altenholz benannt. Als aufstrebende Stadtrandgemeinde nahe der Landeshauptstadt Kiel entstand in den fünfziger und sechziger Jahren des 20. Jahrhunderts um die ehemalige Gutsanlage Stift die Siedlung Altenholz-Stift. Eine vergleichbar rasante Entwicklung fand später auch im Ortsteil Klausdorf statt.

Beherrscht wird der Ortsteil Stift noch heute von dem Herrenhaus der ehemaligen Gutsanlage Stift, ursprünglich einem Meierhof des Gutes Knoop. Hinter einem kleinen Teich gelegen, präsentiert sich das Herrenhaus in Form eines neunachsigen zweigeschossigen Putzbaus. Die mittleren drei Achsen sind leicht vorgezogen und schließen über einem bis ins Dach reichenden zweiten Obergeschoss giebelartig ab. Ein vorkragender Balkon wird von vier dorischen Säulen getragen und dient im Erdgeschoss als repräsentative Vorfahrt. Westlich an das Herrenhaus schließt der Gutspark an. Östlich vor dem Teich rahmen stark veränderte und zweckentfremdete Gebäude der ehemaligen Gutsanlage eine platzartige Aufweitung ein, in deren Mitte die alte

Herrenhaus Gut Stift

Wohn- und Wirtschaftsgebäude am Lummerbruch

Reetdachkate in Altenholz-Klausdorf

Kopfsteingepflasterte Zufahrtsallee Gut Knoop

Lindenallee erhalten blieb. Auch das weitere Umfeld wird von Gebäuden und Überresten des einst bedeutenden Gutes Stift geprägt, insbesondere südlich der ebenfalls von alten Linden flankierten Stifter Allee am öffentlich zugänglichen Harms Park.

Erreicht man den Ortsteil Klausdorf von Südwesten auf der Kreisstraße 19, also von Knoop oder von Rathmannsdorf kommend, fällt rechts der Straße Lummerbruch, ein langgestreckter, eingeschossiger Backsteinbau mit hohem, reetgedecktem Krüppelwalmdach auf. Es handelt sich um ein großes, noch original erhaltenes Wohn- und Wirtschaftsgebäude aus dem späten 18. Jahrhundert, gegliedert durch gemauerte Wandpfeiler im regelmäßigen Rhythmus und durch sechzehnscheibige, zweiflügelige Fenster.

Zweifelsohne bilden drei weitere außerhalb des Ortes gelegene Gutsanlagen den kulturhistorischen Höhepunkt der Gemeinde Altenholz, insbesondere das Gut Knoop. Zunächst aber zum Gut Friedrichshof: Bemerkenswert ist die klassische Anordnung der gesamten Hofanlage und einiger Einzelgebäude, bei der das Herrenhaus in einer geradlinigen Mittelachse seitlich angrenzender Wirtschaftsgebäude liegt. Besondere Beachtung verdienen das Herrenhaus, die hofseitig davor sich ausbreitende Rasenfläche mit seitlicher Lindenrahmung sowie das den Hof westlich abschließende große Wirtschaftsgebäude, ein erst 1942/43 vom bekannten Kieler Architekten Ernst Prinz errichteter Bau. Bauherr des zuletzt genannten Gebäudes war Otto Hirschfeld, gleichzeitig auch Gutsherr auf Gut Knoop, das sich schon seit langer Zeit im Besitz der Familie Hirschfeld befindet.

Gartenseite des Herrenhauses Gut Knoop am Nord-Ostsee-Kanal

Knoop zählte einst neben Emkendorf zu den bedeutendsten und mächtigsten Gütern der Region. Noch heute spiegelt die Gutsanlage viel von ihrem ursprünglichen Glanz wider, besonders stimmungsvoll gesteigert durch die parkartige Umgebung,

Gut Knoop, Hofseite des nördlichen Kavalierhauses

Gut Knoop, Garten- oder Teehaus

die hohen Lindenalleen sowie die an drei Seiten vorhandenen Teich- und Grabenanlagen.

Ehemals direkt am Alten Eiderkanal, heute mit Blickbeziehung zum Nord-Ostsee-Kanal gelegen, schließt das im klassizistischen Stil errichtete Herrenhaus die Hofanlage nach Süden ab. Bei dem 1792 bis 1800 vom Architekten A. Bundsen erbauten Kulturdenkmal handelt es sich um einen zweigeschossigen, dreizehnachsigen Putzbau mit flachem Walmdach, schwach betonten Seitenrisaliten und dreiachsigen Mittelrisaliten. Der Denkmalwert erstreckt sich nicht nur auf das Äußere des Gebäudes, sondern auch auf die noch original erhaltene Raumgliederung im Inneren, die mit dem Bau verbundene historische Ausstattung, den Deckenstuck, die Supraporten, die Wand- und Deckenmalereien, die Tapeten sowie die Leinwandmalereien im Gartensaal.

Rechtwinklig zum Herrenhaus begrenzen zwei identisch ausgeführte, eingeschossige Backsteinbauten mit Walmdach die Hofanlage nach Westen. Es handelt sich um die 1785 von D. G. Horn erbauten südlichen und nördlichen Kavalierhäuser. Die Fassade wird hofseitig durch einen geringfügig vorspringenden rustifizierten Mittelrisalit spannungsvoll gesteigert.

Östlich des Herrenhauses, ein wenig versteckt in einem kleinen Wäldchen, erhebt sich das um 1912 von R.-A. Schröder errichtete Garten- oder Teehaus, in Renaissanceformen aus rotem Sandstein und hell verputztem Mauerwerk gestaltet. Die Ecksituationen sind durch je drei vorgestellte kannelierte dorische Säulen stark betont. Nach Südosten fällt das Gelände steil ab. Hier verlief ursprünglich die nördliche Uferkante des Alten Eiderkanals; heute

Hofseite des Herrenhauses Gut Knoop

bietet sich hier ein wunderschöner Ausblick auf den Nord-Ostsee-Kanal.

Unweit westlich von Knoop befindet sich eine weitere, ehemals sehr bedeutende Gutsanlage. Gut Projensdorf wurde durch den Bau des Nord-Ostsee-Kanals von seinen nach Süden hin orientierten Ländereien abgeschnitten. Einst reichten diese bis in das heutige Kieler Stadtgebiet nahe der Straßenkreuzung „Belvedere“. So begründet sich auch der Name für den erst später entstandenen Kieler Stadtteil „Projensdorf“. Heute erinnert nur noch das alte Herrenhaus an die Blütezeit dieses Gutshofes. Die ehemaligen Wirtschaftsgebäude werden als Reitstallungen genutzt.

Herrenhaus Gut Projensdorf

Nahebei beginnt ein in nordwestlicher Richtung verlaufender 1,5 Kilometer langer, noch erhaltener Abschnitt des Alten Eiderkanals. Zuletzt in südwestlicher Richtung abknickend, endet dieser bei der vor 20 Jahren grundlegend sanierten Rathmannsdorfer Schleuse. Ein Stein mit der Inschrift „MDCCLXXXI“ (1781) erinnert an die Bauzeit der Schleuse. Von der Ostsee kommend, war dies die dritte von insgesamt sechs Schleusen zwischen Holtenau und Rendsburg. Nördlich davon erblickt man ein Fachwerkgebäude mit Backsteinausfachungen und Krüppelwalmdach, ursprünglich als Treidelscheune, heute als Wohngebäude genutzt.

Große Teile des Alten Eiderkanals versanken im Ende des 19. Jahrhunderts errichteten Nord-Ostsee-Kanal oder wurden durch Bodenaushub verschüttet. An beiden Enden dieses Kanalabschnitts kann man den ehemaligen Verlauf des Alten Eiderkanals noch erahnen, gut erkennbar am heutigen Graben- bzw. Auenverlauf.

Rathmannsdorfer Schleuse

Die Stadt Kiel, die sich um die weit ins Land hineinreichende Kieler Förde ausdehnt, erlebte ihre stürmische Entwicklung zur Großstadt erst im letzten Viertel des 19. Jahrhunderts. Die Gründung liegt sehr viel weiter zurück, als im 13. Jahrhundert die Grafen von Schauenburg in ihrem Herrschaftsgebiet neue Dörfer und Städte anlegten. Das genaue Entstehungsjahr der Stadt ist nicht bestimmt; ihre Anlage geht jedoch auf Graf Adolf IV. zurück, der 1227 mit dem Sieg in der Schlacht bei Bornhöved eine 25jährige Dänenherrschaft beendete. Kiel, damals „tom Kyle" genannt, entstand als Markt-, Handels- und Handwerkersiedlung am Westufer der Kieler Förde, geschützt gelegen auf einer halbinselförmigen Landzunge und beherrscht von einer landesherrlichen Burg. 1242 verlieh ihr Johann I. von Schauenburg lübsche Stadtrechte. Viele Jahrhunderte wuchs die Stadt wegen ihrer wechselvollen Geschichte nur sehr langsam und dehnte sich südlich in die sogenannte Vorstadt und nördlich auf das Gebiet des Dorfes Brunswik aus. Eine rasante Veränderung und ein sprunghaftes Anwachsen zur Großstadt begann erst, als Kiel 1865 zum preußischen Flottenstützpunkt, 1867 zum Kriegshafen des Norddeutschen Bundes und schließlich 1871 zum Reichskriegshafen ernannt wurde. Große Werften und Rüstungsbetriebe entstanden gegenüber der Altstadt am Ostufer der Förde, während sich die Marine am Westufer nördlich der Altstadt bis zu den Dörfern Wik und Holtenau ausdehnte. Der Bau des Kaiser-Wilhelm-Kanals ersetzte 1887-1895 den Alten Eiderkanal und beeinflusste die städtebauliche und wirtschaftliche Entwicklung Kiels stark. Der Kanal wurde nach dem Zusammenbruch des Kaiserreichs wieder in Nord-Ostsee-Kanal umbenannt.

Leuchtturm Kiel-Holtenau

Im folgenden werden nur die Kieler Stadtteile behandelt, die in einem engen funktionalen und gestalterischen Zusammenhang zum Nord-Ostsee-Kanal und dessen Kulturlandschaft stehen. Mit dem Bau des neuen Kanals verwandelte sich die Landschaft um das Dorf Holtenau, das 1479 erstmals urkundlich erwähnt wurde und erst mit dem Bau des Alten Eiderkanals (1777-1784) eine größere Bedeutung erlangte. Das ursprüngliche Haufendorf Holtenau zeichnet sich auch heute noch beim Durchfahren der Richthofenstraße, der ehemaligen Dorfstraße,

Tiessenkai

Leuchtturm Kiel-Holtenau

als typisches Bauerndorf aus. Kleinere Einzelhäuser und auch einige reetgedeckte Gebäude, darunter eine ehemalige Kate und das älteste Fachhallenhaus Kiels (1586-1589) bezeugen den Dorfcharakter.

Mit dem Bau des Alten Eiderkanals entstand am südlichen Fördeufer ein zweiter Siedlungskern um das Kanalpackhaus und die benachbarten Wohn- und Wirtschaftsgebäude (1783-85), der erst nach dem Bau des Kaiser-Wilhelm-Kanals durch zahlreiche neue Wohngebiete einschließlich der Dankeskirche mit dem Bauerndorf Holtenau zum heutigen Stadtteil Kiel-Holtenau zusammenwuchs.

Der 1895 errichtete Leuchtturm beherrscht am Holtenauer Südufer die Schiffszufahrt von der Kieler Förde zum Nord-Ostsee-Kanal, dort, wo am 21. Juni 1895 die Einweihung des Kaiser-Wilhelm-Kanals durch Kaiser Wilhelm II. stattfand. Zweifellos bildet dieser Standort auch heute noch einen der schönsten Aussichtspunkte an der Kieler Förde. Nach aufwendiger Sanierung anlässlich der Hundertjahrfeier des Kanals präsentiert sich der Leuchtturm heute wieder in annähernd originalem Zustand, ein runder, gut 20 Meter hoher Baukörper auf achteckigem Unterbau aus grauem Granitstein und roten Ziegeln sowie seitlichem Treppenhausturm. In der im Erdgeschoss gelegenen sehenswerten Gedenkhalle erinnern große, schwarze, polierte Natursteinplatten mit goldener Inschrift an die drei Kaiser, die den Bau des Kanals begleiteten, Kaiser Wilhelm I., Kaiser Friedrich III. und Kaiser Wilhelm II. Das rundbogige Eingangsportal ist mit einem schmiedeeisernen Eichbaum vergittert und im Tympanon mit einem Bronzerelief geziert, das die Vereinigung von Nord- und Ostsee als Meeresgöttinen darstellt.

Eingangsportal zum Leuchtturm

Bekrönter Sandsteinobelisk

Auf dem landeinwärts, westlich anschließenden Gelände zwischen zurückliegender Kanalstraße und dem Tiessenkai an der Uferkante stoßen zwei unterschiedliche Kanalbauwerke und deren Entstehungsgeschichte, die mehr als hundert Jahre auseinander liegt, noch heute sichtbar aufeinander.

Zahlreiche an der Kanalstraße 57-67a gelegene, grundlegend sanierte Gebäude, meist um 1783/84 errichtet, entstanden im Zusammenhang mit dem Alten Eider- bzw. Schleswig-Holsteinischen-Canal, wie er anfänglich genannt wurde. Ehemalige Wohn- und Zollhäuser und Pferdeställe, heute alles Wohngebäude, rahmen das alte Kanalpackhaus ein, ein Speicher, der erst 1982/83 zu Wohnungen und einem Restaurant umgebaut wurde. Davor erhebt sich ein 7,5 Meter hoher, bekrönter Sandsteinobelisk, 1784 zur Erinnerung an die Fertigstellung des Eiderkanals errichtet, 1984 wieder an seinen ursprünglichen Standort zurückversetzt.

Die heutige Uferkante, der Tiessenkai, entstand hingegen erst während der Ausbauarbeiten für den Nord-Ostsee-Kanal. Dort wird der maritime Bezug zur Ostsee und zum Kieler Hafen besonders gut erlebbar. In den Sommermonaten liegen dort zahlreiche große, meist ältere Segelschiffe und Windjammer, die zu Tagesfahrten oder längeren Ostseetörns starten. Die Kontorhäuser Tiessenkai 7-11 verstärken die Wirkung einer intakten und malerischen Hafenatmosphäre, vergleichbar mit der in einigen dänischen Fischereihäfen. Weiter zurückliegend, zwischen alten Bäumen versteckt, zeichnen sich zwei Ende des 19. Jahrhunderts in Zusammenhang mit dem Nord-Ostsee-Kanal entstandene, repräsentative Backsteinbauten im Baustil der wilhelminischen Gründerzeitarchitektur ab, das einstige Lotsenhaus und die ehemalige Direktorenvilla.

Kanalpackhaus

Blick von der Kanalinsel, Tiessenkai und Leuchtturm

Zweifelsohne lohnt sich ein längerer Aufenthalt auf dieser Landzunge, die im vorderen Bereich um den Leuchtturm im Zuge der Baumaßnahmen für den Nord-Ostsee-Kanal künstlich aufgeschüttet wurde. Ebenso interessant ist eine Besichtigung der Schleusenanlagen, bei der man nicht nur sehenswerte Kulturdenkmäler, sondern auch gewaltige Ozeanriesen und Kreuzfahrtschiffe aus unmittelbarer Nähe erblicken, die Technik der Alten und Neuen Schleusen begreifen und eine ständige Kanalausstellung in der ehemaligen Zentralen Maschinenstation besichtigen kann.

Durch eine dichte Platanenallee führt die Kanalstraße direkt dorthin. Es empfiehlt sich, diesen kurzen Weg zu Fuß zurückzulegen, da der Blick auf die sich langsam nähernden Schleusen und auf einen kleinen, besonders schön gelegenen Yachthafen immer neue Eindrücke vermittelt. Schließlich überquert man zwischen dem fördeseitig gelegenen Yachthafen und dem kanalseitig gelegenen Betriebshafen über eine mit Schleusen versehene Brücke die nördliche Schleuseninsel. Diese Schleusen regulieren den immer gleich hoch zu haltenden Wasserstand auf dem Nord-Ostsee-Kanal. Nach starken Regenfällen kann das überschüssige, durch Flüsse, Bäche und Auen in den Kanal transportierte Wasser hier durch Öffnen der Schleusen in die Kieler Förde abfließen. Betriebshafen und Yachthafen liegen im Bett des Alten Eiderkanals.

Ehemalige Direktorenvilla

Nahe beim Verwaltungsgebäude des Wasser- und Schifffahrtsamtes Kiel-Holtenau, dem ehemaligen Kaiserlichen Hafenamt auf der Schleuseninsel, liegen die 1895 erbauten Alten Schleusen. Meist werden diese in Holtenau nur noch im Sommer für die Passage der zahlreichen privaten Motor- und Segelboote genutzt. Große Schiffe werden durch die Neuen Schleusen befördert. Ein Vergleich der baulichen Anlagen mit denen in Brunsbüttel bietet sich an. Handelt es sich bei den zeitgleich entstandenen Objekten doch häufig um identisch ausgeführte Bautypen, insbesondere die Alten und Neuen Schleusen, das ehemalige Kaiserliche Hafenamt und der Pegelturm. Der Pegelturm direkt südlich der Alten Schleusen in einer Achse zum Hafenamt zeigte ursprünglich den Wasser- bzw. Pegelstand in den Schleusen an. Während der ersten großen Kanalerweiterung zwischen 1909 und 1914 entstanden die neuen, sehr viel größeren Schleusen. Die Alten Schleusen wurden seitdem seltener genutzt, so dass der Pegelturm seine Funktion verlor. Er wurde aufgestockt und mit einer Uhr und einem steilen Pyramidendach versehen. Gerade bei diesem Bauwerk lohnt sich ein Vergleich mit dem Brunsbütteler Pegelturm.

Neue Schleusen

Betriebshafen Holtenau, ehemals Verlauf des Alten Eiderkanals

Alte Schleusen und Pegelturm

Blick von der Holtenauer Hochbrücke, Alte und Neue Schleusen

Ein beeindruckender abschließender Ausblick auf die Holtenauer Schleusen, auf den Nord-Ostsee-Kanal und auf die Kieler Förde sowie auf ein- und auslaufende Schiffe ergibt sich von der östlichen Holtenauer Hochbrücke, besonders bei gutem Wetter. Hier kann man Frachter, Containerschiffe, Segelyachten, große und kleine „Pötte" aus aller Herren Länder bestaunen; nicht zu vergessen die beeindruckenden „Traumschiffe".

Der westlich der beiden Hochbrücken gelegene Kanalabschnitt wird südlich der künstlichen Wasserstraße durch ausgedehnte Hafenanlagen und das ansteigende Projensdorfer Gehölz geprägt, nördlich grenzt die Gemeinde Altenholz an den Kanal. Während eines Spaziergangs durch den Wald bieten sich von nahe dem Kanal gelegenen Wanderwegen immer wieder interessante Ausblicke auf vorbeifahrende Schiffe und auf die Herrenhäuser von Gut Knoop und Gut Projensdorf.

Schließlich erreicht man die kombinierte Straßen- und Eisenbahn-Hochbrücke bei Levensau, die den Nord-Ostsee-Kanal mit einem weiten Eisenfachwerkträger von 163 Meter Länge und 42 Meter lichter Höhe überspannt. Dabei handelt es sich um das letzte noch erhaltene Brückenbauwerk aus der ersten Kanalbauphase von 1893/94. Ursprünglich stand die gleiche Brücke auch bei Grünental, wurde dort aber vor ca. 20 Jahren abgetragen. Auch hier fanden zwischenzeitlich Veränderungen statt. So wurden die turmartigen Torbauten zu beiden Seiten der Brückenzufahrt im Rahmen einer Fahrbahnverbreiterung Mitte

Ursprünglich Hochbrücke Levensau

Levensauer Hochbrücke

Gut Schwartenbek, Eiskeller

des 19. Jahrhunderts entfernt. Heute leben in den Innenräumen der gemauerten Brückenköpfe unzählige Fledermäuse, deren nächtliches Treiben man im Rahmen einer Führung sogar studieren kann.

Im Ortsteil Kiel-Suchsdorf entstand am Ende der Alten Chaussee, direkt am Nord-Ostsee-Kanal gelegen, anlässlich der sog. Kieler Ausstellung von 1896 ein großer hölzerner Pavillon, der anschließend noch mehrere Jahre als Tanz- und Ballhaus genutzt wurde. 1925 ersetzte man diesen Bau durch das Ausflugslokal „Margaretental", ein eingeschossiger roter Backsteinbau im Baustil der Heimatschutzarchitektur mit betonten Stufengiebeln. Noch heute genießt man von der Gartenterrasse einen wunderschönen Blick auf den Kanal, die Levensauer Hochbrücke und die reizvolle, leicht bewegte Endmoränenlandschaft.

Gut Schwartenbek, Herrenhaus

Nahebei liegt die Gutsanlage von Schwartenbek. Von Süden, also vom Nienbrügger Weg kommend, führt eine von leicht windschiefen Pappeln bestandene Zufahrtsallee auf das Gut zu. Am Ende der seitlich von Wirtschaftsgebäuden und hohen Linden flankierten Hofanlage erhebt sich das 1923 neu errichtete Herrenhaus, ein zweigeschossiger, neunachsiger Backsteinbau mit barockisierenden Elementen, einem leicht geschweiften Walmdach und einem übergiebelten Mittelrisalit. Direkt östlich daneben befindet sich ein Eiskeller und erinnert an frühere Zeiten, als Getränke und Lebensmittel durch Eis des vorangegangenen Winters den Sommer über gekühlt wurden. Um den Gutshof herum schließt ein ausgedehntes Garten- und Parkgelände an, im Vorhof des Herrenhauses mit sehr alten Lindenreihen bestanden, seitlich und dahinter als Landschaftspark gestaltet.

Gut Schwartenbek, Pappelallee

BUCHT
Sommerkoogssteertloch
Helmsand-
steert
Helmsand
NSG
Meldorfer Hafen
MELDORF
Elpersbüttel
Dith-
marschen
Busenwurth
Barlt
Trennewurth
Friedrichskoog Spitze
Trischendamm
Das Hohe Ufer
Dieksand
Friedrichs-
koog
Kaiserin-
Auguste-
Viktoria-
Koog
Kron-
prinzen-
koog
Dieksander-
koog
Franzosen-
sand
Helse
Volsemen-
husen
St. Michaelisdonn
MARNE
Fahrstedt
Diekhusen-
Kaiser-
Wilhelm-
Koog
Marner
Neuen-
koogs-
deich
Schmedeswurth
Neufeld
Neufelderkoog
Norder-
Holsteinisches
Wattenmeer
gründe
Medemsandinsel
Medemrinne
Neufelder Watt
Neufelder Sand
ELBE
BRUNSBÜTTEL

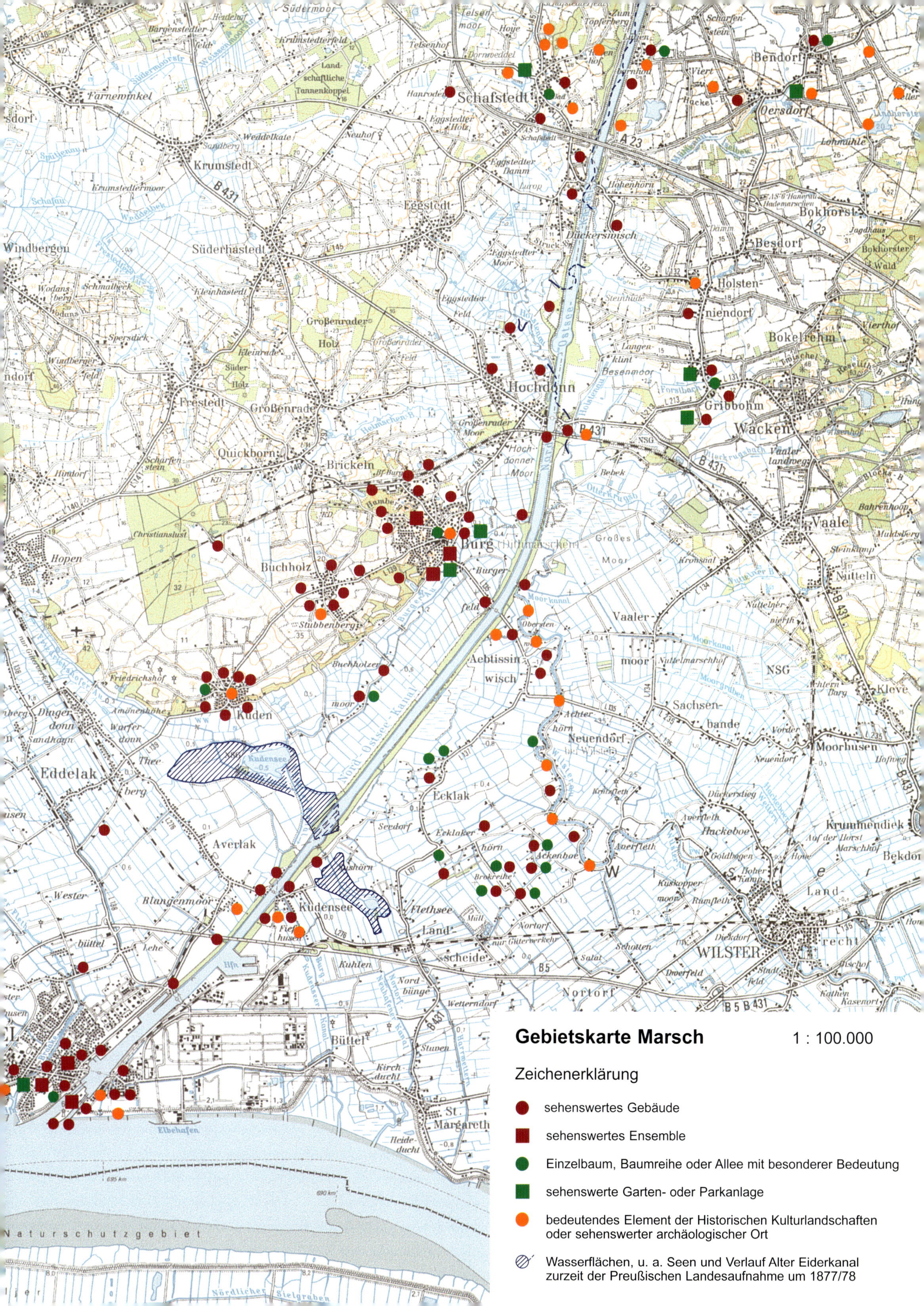
Gebietskarte Marsch
1 : 100.000
Zeichenerklärung
sehenswertes Gebäude
sehenswertes Ensemble
Einzelbaum, Baumreihe oder Allee mit besonderer Bedeutung
sehenswerte Garten- oder Parkanlage
bedeutendes Element der Historischen Kulturlandschaften oder sehenswerter archäologischer Ort
Wasserflächen, u. a. Seen und Verlauf Alter Eiderkanal zurzeit der Preußischen Landesaufnahme um 1877/78
Schafstedt
Bendorf
Oersdorf
Farnewinkel
Krumstedt
Eggstedt
Süderhastedt
Windbergen
Bokhorst
Besdorf
Holstenniendorf
Bokelrehm
Hochdonn
Gribbohm
Wacken
Frestedt
Großenrade
Quickborn
Brickeln
Burg
Vaale
Hopen
Buchholz
Nutteln
Stubbenberg
Aebtissinwisch
Kuden
Sachsenbande
Neuendorf
Eddelak
Moorhusen
Ecklak
Averlak
Kudensee
Wilster
Büttel
St. Margarethen
Nord-Ostsee-Kanal
Naturschutzgebiet

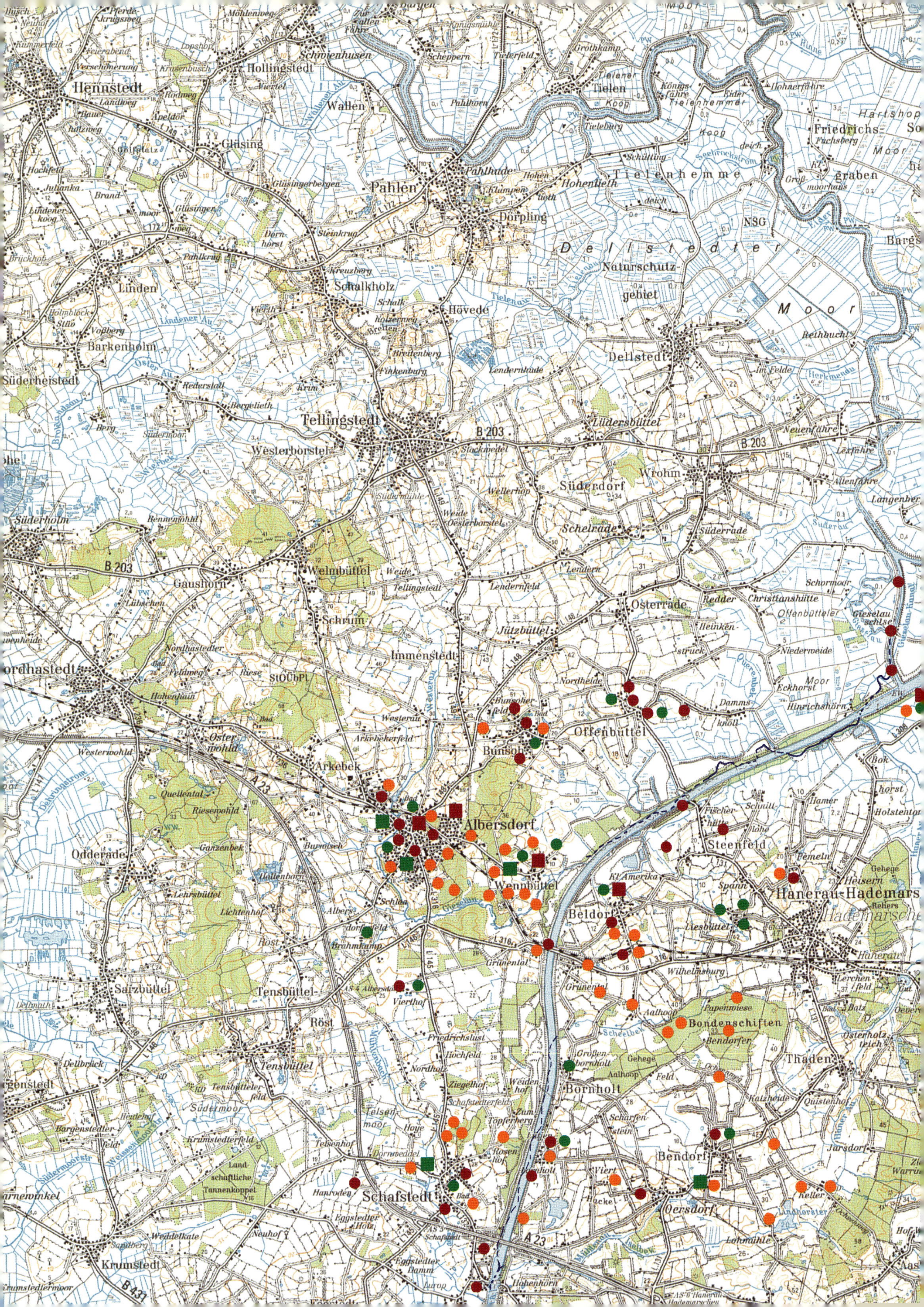

Hennstedt
Hollingstedt
Schwienhusen
Wallen
Glüsing
Pahlen
Pahlhude
Dörpling
Tielen
Tielenhemme
Hohenfleth
Friedrichsgraben
Delistedter Moor
Naturschutzgebiet
NSG
Linden
Schalkholz
Hövede
Dellstedt
Barkenholm
Süderheistedt
Tellingstedt
B 203
Westerborstel
Lüdersbüttel
Wrohm
Süderdorf
Schelrade
Süderrade
Welmbüttel
Gaushorn
Süderholm
Schrum
Osterrade
Jützbüttel
Immenstedt
Nordhastedt
Offenbüttel
Bunsoh
Arkebek
Albersdorf
Steenfeld
Wennbüttel
Hanerau-Hademarschen
Beldorf
Odderade
Sarzbüttel
Tensbüttel-Röst
Röst
Bondenschiften
Bornholt
Thaden
Bendorf
Oersdorf
Schafstedt
Tensbüttel
Krumstedt
Landschaftliche Tannenkoppel
A 23
B 431

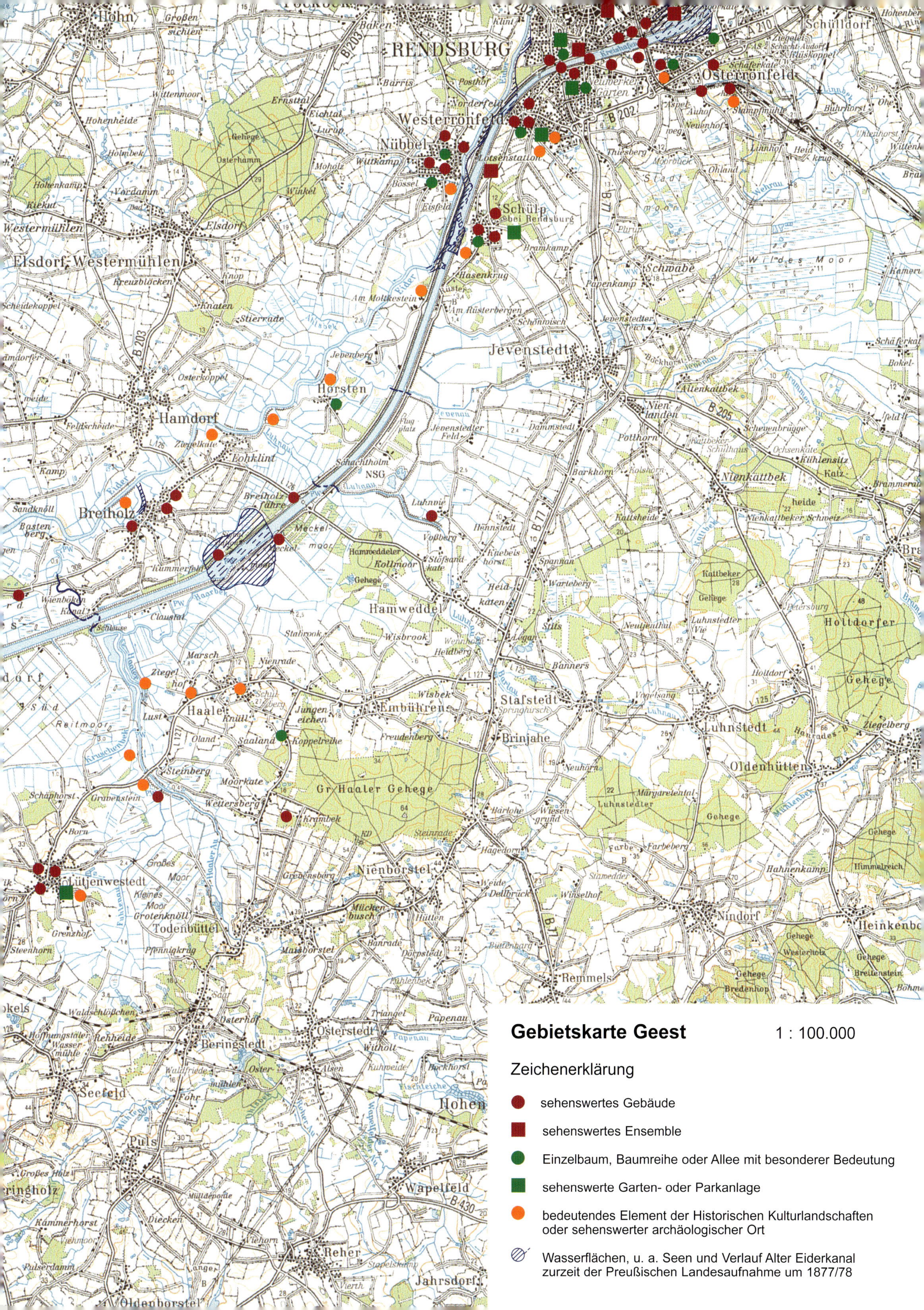
Gebietskarte Geest
1 : 100.000
Zeichenerklärung
sehenswertes Gebäude
sehenswertes Ensemble
Einzelbaum, Baumreihe oder Allee mit besonderer Bedeutung
sehenswerte Garten- oder Parkanlage
bedeutendes Element der Historischen Kulturlandschaften oder sehenswerter archäologischer Ort
Wasserflächen, u. a. Seen und Verlauf Alter Eiderkanal zurzeit der Preußischen Landesaufnahme um 1877/78
RENDSBURG
Westerrönfeld
Osterrönfeld
Nübbel
Schülp
Jevenstedt
Hamdorf
Breiholz
Hörsten
Hamweddel
Haale
Embühren
Stafstedt
Luhnstedt
Oldenhütten
Lütjenwestedt
Todenbüttel
Nienborstel
Nindorf
Beringstedt
Osterstedt
Seefeld
Puls
Wapelfeld
Reher
Jahrsdorf
Elsdorf-Westermühlen
Gr. Haaler Gehege
Remmels

Gebietskarte Hügelland 1 : 100.000

Zeichenerklärung

- sehenswertes Gebäude (rot, Punkt)
- sehenswertes Ensemble (rot, Quadrat)
- Einzelbaum, Baumreihe oder Allee mit besonderer Bedeutung (grün, Punkt)
- sehenswerte Garten- oder Parkanlage (grün, Quadrat)
- bedeutendes Element der Historischen Kulturlandschaften oder sehenswerter archäologischer Ort (orange, Punkt)
- Wasserflächen, u. a. Seen und Verlauf Alter Eiderkanal zurzeit der Preußischen Landesaufnahme um 1877/78 (schraffiert)

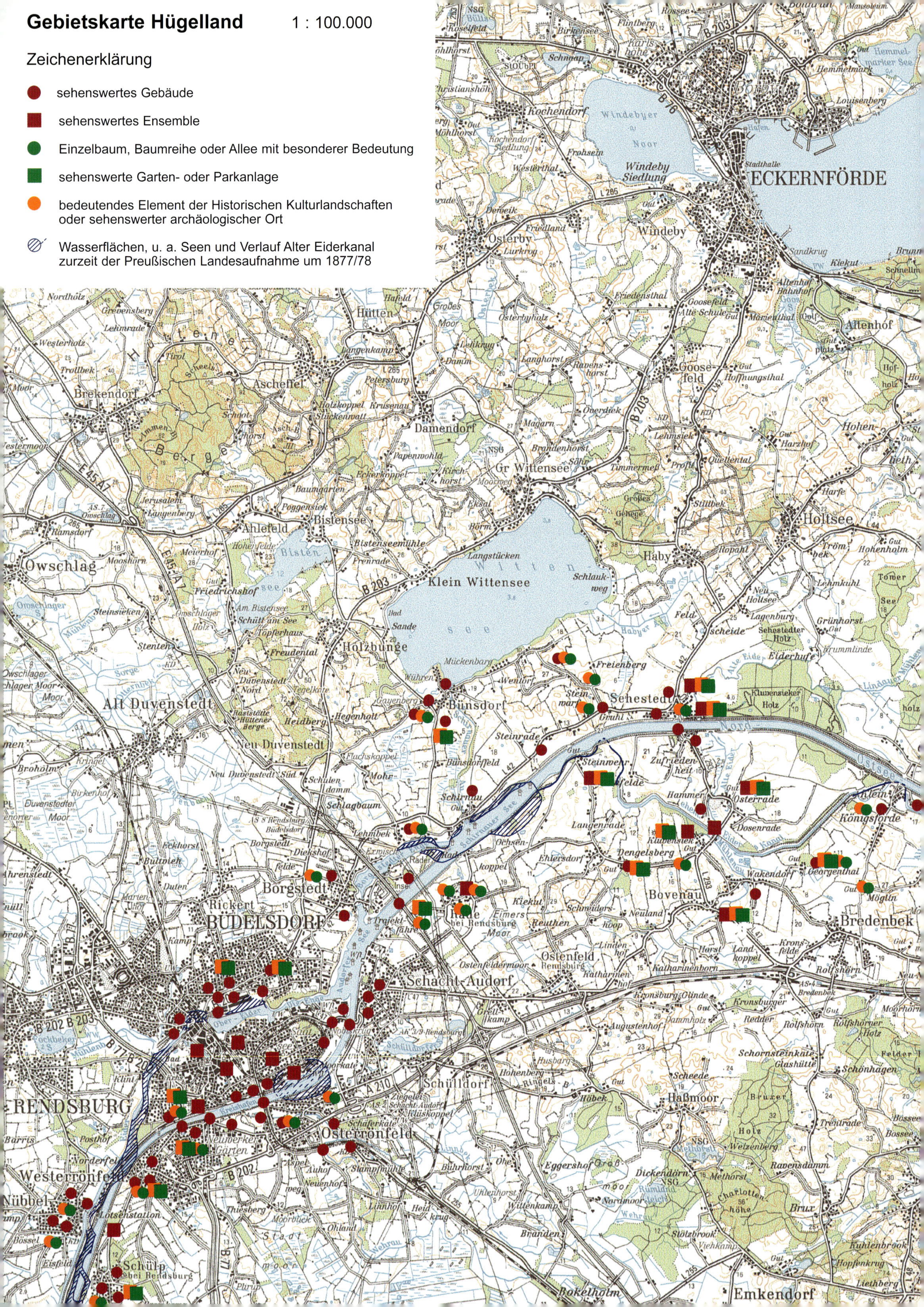

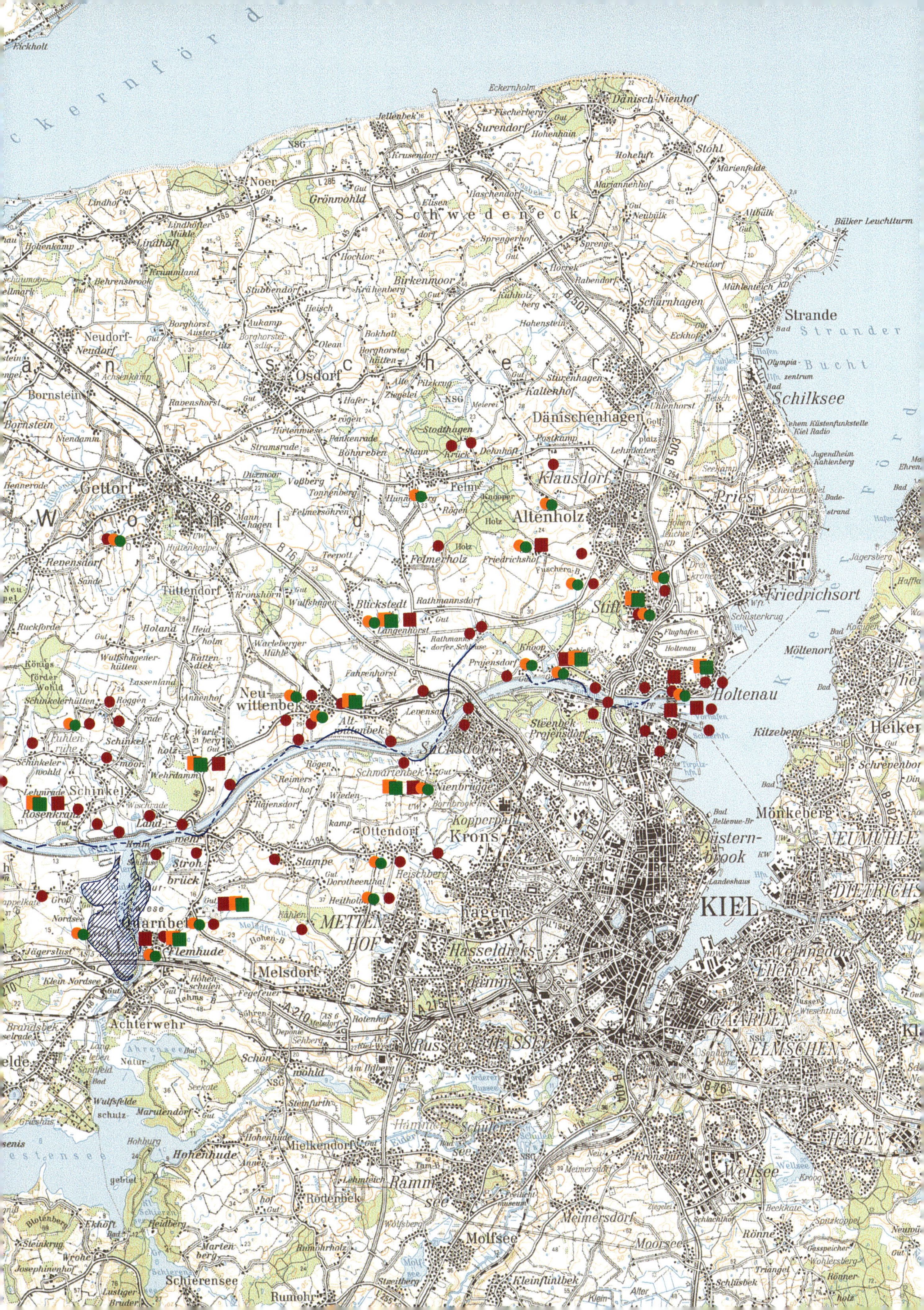
Eckernförde
Eckholt
Eckernholm
Dänisch-Nienhof
Fischerberg
Surendorf
Jellenbek
Hohenhain
Stohl
Krusendorf
Noer
Grönwohld
Schwedeneck
Lindhöft
Lindhof
Bülker Leuchtturm
Birkenmoor
Sprenge
Rabendorf
Scharnhagen
Mühlenteich
Strande
Stubbendorf
Neudorf
Osdorf
Sturenhagen
Kaltenhof
Schilksee
Dänischenhagen
Stodthagen
Gettorf
Klausdorf
Pries
Felm
Altenholz
Felmerholz
Friedrichshof
Stift
Friedrichsort
Tüttendorf
Blickstedt
Rathmannsdorf
Langenhorst
Möltenort
Projensdorf
Holtenau
Neuwittenbek
Altwittenbek
Suchsdorf
Kitzeberg
Heikendorf
Schinkel
Rosenkranz
Schwartenbek
Nienbrügge
Kronshagen
Mönkeberg
Ottendorf
Düsternbrook
Stampe
Dorotheenthal
Heitholm
Mettenhof
Hasseldieksdamm
KIEL
Quarnbek
Flemhude
Melsdorf
Wellingdorf
Ellerbek
Gaarden
Achterwehr
Russee
Hassee
Elmschenhagen
Wulfsfelde
Mielkendorf
Rodenbek
Rammsee
Wellsee
Hohenhude
Molfsee
Meimersdorf
Moorsee
Schierensee
Rumohr
Kleinflintbek
Blockshagen
Steinkrug

Literatur

Martin Becker und Arbeitskreis Historische Kulturlandschaften: Historische Kulturlandschaften in Schleswig-Holstein, Neumünster 1999

Martin Becker: Der Schleusenbereich in Brunsbüttel, DenkMal ! 2002, Zeitschrift für Denkmalpflege in Schleswig-Holstein, Jahrgang 9, Heide, 2002, S. 36-41

Martin Becker: Bovenau – Historischer Dorfkern, Gutshöfe und der Alte Eiderkanal, in: Denkmal, Themenheft der Zeitschrift „Schleswig-Holstein" des SHHB, 1 + 2, Husum, 2003

Martin Becker: Der Nord-Ostsee-Kanal, in: Denkmal, Themenheft der Zeitschrift „Schleswig-Holstein" des SHHB, Husum, 2003

Carl Beseke: Der Nord-Ostsee-Kanal. Seine Entstehungsgeschichte, sein Bau und seine Bedeutung in wirtschaftlicher und militärischer Hinsicht, St. Peter-Ording, 1893

Hartwig Beseler (Hrsg.): Kunsttopographie Schleswig-Holstein, Neumünster, 1969

Hans Bock: Die Marschbahn von Altona nach Westerland, Heide, 1989

Christian Degn: Historischer Atlas Schleswig-Holstein, Neumünster, 1994

Christian Degn und Uwe Muuß: Topographischer Atlas Schleswig-Holstein und Hamburg, Neumünster, 1979

Walter Denker und Reimer Stecher: Alte Bäume in Dithmarschen, Heide, 1997

J. Fülscher: Der Bau des Kaiser-Wilhelm-Kanals, Berlin, 1898

Johannes Habich, Gert Kaster und Klaus Wächter: Stadtkernatlas Schleswig-Holstein, Neumünster, 1976

Johannes Habich, Christoph Timm und Lutz Wilde: Hamburg und Schleswig-Holstein, in: Georg Dehio: Handbuch der Deutschen Kunstdenkmäler, Berlin und München, 1994

Reimer Hansen: Der Nord-Ostsee-Kanal-Plan Herzog Adolfs von Schleswig-Holstein-Gottorf aus dem Jahre 1571, Mitteilungen des Canal-Vereins Nr. 2, Rendsburg, 1981, S. 7-38.

Michael Heidbrink und Heinz Teufel: Der Nord-Ostsee-Kanal, Hamburg, 1995

Heiner Helms, Hans-Joachim Schröder und Alexander Tesar: Brücken über den Nord-Ostsee-Kanal, Kiel, 1995

Eduard Hoop: Geschichte der Stadt Rendsburg, Rendsburg, 1989

Rudolf Horstmann: Von der Ostsee bis zur Elbe, Neumünster, 1990

Waldemar Jensen: Der Nord-Ostsee-Kanal, Neumünster, 1970

Jungjohann + Hoffmann + Krug: Untersuchung der Eiderkanalschleusen, Mitteilungen des Canal-Vereins Nr. 3, Rendsburg, 1982, S. 19-101.

Karl Ernst Kaminski: Die Geschichte des Kaiser-Wilhelm-Kanals 1887-1914, Itzehoe und Rendsburg, 1980

Karl Ernst Kaminski: 100 Jahre Geschichte des Nord-Ostsee-Kanals, Rendsburg, 1987

Gert Kaster: Kieler Fördelandschaft, in: Stolperstein der Geschichte, Kiel, 1997

Gert Kaster: Das Dorf in der Kulturlandschaft, in: Leben auf dem Lande, Themenheft der Zeitschrift „Schleswig-Holstein" des SHHB, 1 + 2, Husum, 2001

Rainer Lagoni (Hrsg.): Nord-Ostsee-Kanal 1895-1995, Festschrift herausgegeben im Auftrag des Bundesministers für Verkehr, Neumünster, 1995

Wolfgang Laur: Historisches Ortsnamenslexikon von Schleswig-Holstein, Neumünster, 1992

Ernst-Günter Lichte: Mit Dampf und Diesel, Kleine Geschichte der Eisenbahn in Schleswig-Holstein, Lübeck, 1979

Johann Meier: „Landtcarte von dem Daenischen Walde", in: Caspar Danckwerths „Newe Landesbeschreibung der zwey Hertzogthümer Schleswich und Holstein", 1652

Margita M. Meyer: Der Alte Eiderkanal, DenkMal ! 2002, Zeitschrift für Denkmalpflege in Schleswig-Holstein, Jahrgang 9, Heide, 2002, S. 51-58.

Otto Nottelmann: Albersdorf - Vom Stahlbad zum Luftkurort, Heide, 1985

Gerd Peters: Der Nord-Ostsee-Kanal, Hamburg, 1995

Henning von Rumohr: Schlösser und Herrenhäuser im Herzogtum Schleswig, Frankfurt/Main, 1979

Henning von Rumohr: Schlösser und Herrenhäuser im nördlichen und westlichen Holstein, Frankfurt/Main, 1981

Walter Schulz: Der Nord-Ostsee-Kanal, Heide, 1986

Walter Schulz: Der Nord-Ostsee-Kanal vor dem Ersten Weltkrieg, Heide, 1989

Gerd Stolz: Der alte Eiderkanal – Schleswig-Holsteinischer Kanal, Heide, 1983

Gerd Stolz: Kleine Kanalgeschichte, Heide, 1995

Lutz Wilde, Renate Jacobs, Gert Kaster, Sabine Ladwig und Ulrike Weber-Karge: Denkmaltopographie Bundesrepublik Deutschland, Kulturdenkmale in Schleswig-Holstein 1, Landeshauptstadt Kiel, Neumünster, 1995

Chroniken, Kurzbeschreibungen, Gutachten, etc.

„Aebtissinwisch", Kurzbeschreibung von Hans-Werner Speerforck, o. A.

„Luftkurort Albersdorf – Wassermühle und Mühlenteich – Geschichte und Gegenwart", herausgegeben von der Gemeinde Albersdorf, o. A.

Hermann Bolle: „Die St.-Remigius-Kirche in Albersdorf", herausgegeben von der Ev.-Luth. Kirchengemeinde Albersdorf, Husum, o. A.

„Fünf-Güter-Tour - Gemeinde Bovenau", herausgegeben von der Gemeinde Bovenau, Osterrönfeld, 2001

„Chronik der Gemeinde Breiholz", herausgegeben von der Gemeinde Breiholz, 1999

„Buchholz in Dithmarschen – Ein Dorf auf der Südergeest stellt sich vor", Beitrag von H. Gehrt / Buchholz, 1994

„Bünsdorf - Festschrift zur 800-Jahr-Feier", herausgegeben von der Gemeinde Bünsdorf, Rendsburg, 1990

„Holzmarktfest '87 - Luftkurort Burg/Dithm.", herausgegeben vom Dithmarscher Kurier, Burg/Dithm., 1987

„Ecklak", Kurzbeschreibung von Hans-Werner Speerforck, o. A.

Otto Neumann: „Chronik der Gemeinde Ecklak", herausgegeben von der Gemeinde Ecklak, Wilster, 1984

„Felm 1979", Festschrift „50 Jahre Felm – 90 Jahre freiwillige Feuerwehr", Felm, 1979

„Gribbohm", Kurzbeschreibung von Hans-Rudolf Harder, o. A.

Karl Heinz Vollstedt: „Haale – Chronik der Gemeinde", herausgegeben von der Gemeinde Haale, Eckernförde, 1993

Harald Neumann: „Chronik Hochdonn", herausgegeben von der Gemeinde Hochdonn, Husum, 1991

„Holstenniendorf", Kurzbeschreibung von Hermann Nottelmann, o. A.

„Kudener Chronik", herausgegeben von der Gemeinde Kuden, Husum, 1992

„Kudensee", Kurzbeschreibung von Hans-Werner Speerforck, o. A.

„Chronik der Gemeinde Lindau im Kreis Rendsburg-Eckernförde", Lindau, 1978

„Nübbel - Uns Dörp an de Eider", herausgegeben von Manfred O. Niendorf und der Gemeinde Nübbel, Husum, 1999

„Gemeinde Osterrönfeld – Programm zur 650-Jahrfeier", Osterrönfeld, 1980

Johann Detlef Blöcker: „Ottendorf – Chronik eines Dorfes westlich von Kiel", Ottendorf, 1994

„Chronik des Dorfes Rade bei Rendsburg", herausgegeben von der Gemeinde Rade, Rendsburg, 1998

„650 Jahre Schacht-Audorf", Rendsburg, 1980

„Chronik von Schinkel", Schinkel, 2000

„Geschichte der Gemeinde Schülp bei Rendsburg", zusammengestellt von Hinrich Mrozek, Schülp, 1999

„700 Jahre Sehestedt - Ein Dorf in Vergangenheit und Gegenwart", Chronik Gemeinde Sehestedt, Sehestedt, 1982

Artikel aus der Schleswig-Holsteinischen Landeszeitung vom 20.11.1973 über den „Steinernen Krieger" in Tackesdorf

„Gemeinde Westerrönfeld", eine Broschüre, herausgegeben von der Gemeinde Westerrönfeld, 1998

„Regional bedeutsame Denkmäler und Historische Kulturlandschaften – Erfassung und Bewertung aller denkmalverdächtigen Objekte im Bereich der LSE-NOK". Gutachten für die Ländliche Struktur- und Entwicklungsanalyse Nord-Ostsee-Kanal von Kiel bis Brunsbüttel, Architekturbüro Martin Becker, Kiel, 1999-2002

Abbildungen

Martin Becker, Landesamt für Denkmalpflege Schleswig-Holstein

Titelabbildung: Jörg Wohlfromm / 3-PIX

Dipl.-Ing. Martin Becker

Geboren 1954 in Kiel;
Architekturstudium an den Technischen Universitäten Braunschweig und München;
1982–1992 Tätigkeit als angestellter Architekt;
Forschungsarbeit zum Thema „Siedlungen der 20er Jahre in Schleswig-Holstein" am Institut für Städtebau und Sozialplanung in Eckernförde (gleichnamige Publikation gemeinsam mit Prof. Dr.-Ing. Dieter-J. Mehlhorn, Heide, 1992);
Seit 1991 Tätigkeit als freiberuflicher Architekt in Kiel;
Berufliche Schwerpunkte:
Umbau- und Sanierungsmaßnahmen, insbesondere an bauhistorisch wertvollen Gebäuden, Laden-, Geschäfts- und Büroumbauten, Dachausbauten, Wohnungsneubau, Hotel- und Restaurantplanungen, Stadtbildanalysen, Gestaltungs- und Erhaltungssatzungen, B-Pläne, denkmalplegerische Gutachten, Publikationen.

Dr.-Ing. Gert Kaster

Geboren 1938 in Düsseldorf;
Architektur- und Städtebau-Studium in München, Wien und Berlin;
Promotion über ein Thema zur geschichtlichen Entwicklung der Stadt Rom;
Auslandsaufenthalte in Griechenland, Italien, China und Japan;
Dezernent für Städtebauliche Denkmalpflege im Landesamt für Denkmalpflege Schleswig-Holstein in Kiel von 1974–2002;
Regierungsbaudirektor a. D.;
Lehrauftrag für Denkmalpflege an der Muthesius-Fachhochschule in Kiel;
Zahlreiche Publikationen zu Themen der Denkmalpflege und Kulturlandschaften.

Mehr wissen über den Norden.

Historische Kulturlandschaften
in Schleswig-Holstein

21 x 28 cm, 136 Seiten, 238 Abbildungen,
gebunden, ISBN 3-529-02525-9

Gesamtverzeichnis bitte anfordern:
Rungestraße 4 · 24537 Neumünster · Telefon: 0 43 21/906-276 · Fax: 0 43 21/906-275
info@wachholtz.de · www.wachholtz.de

Wachholtz Verlag

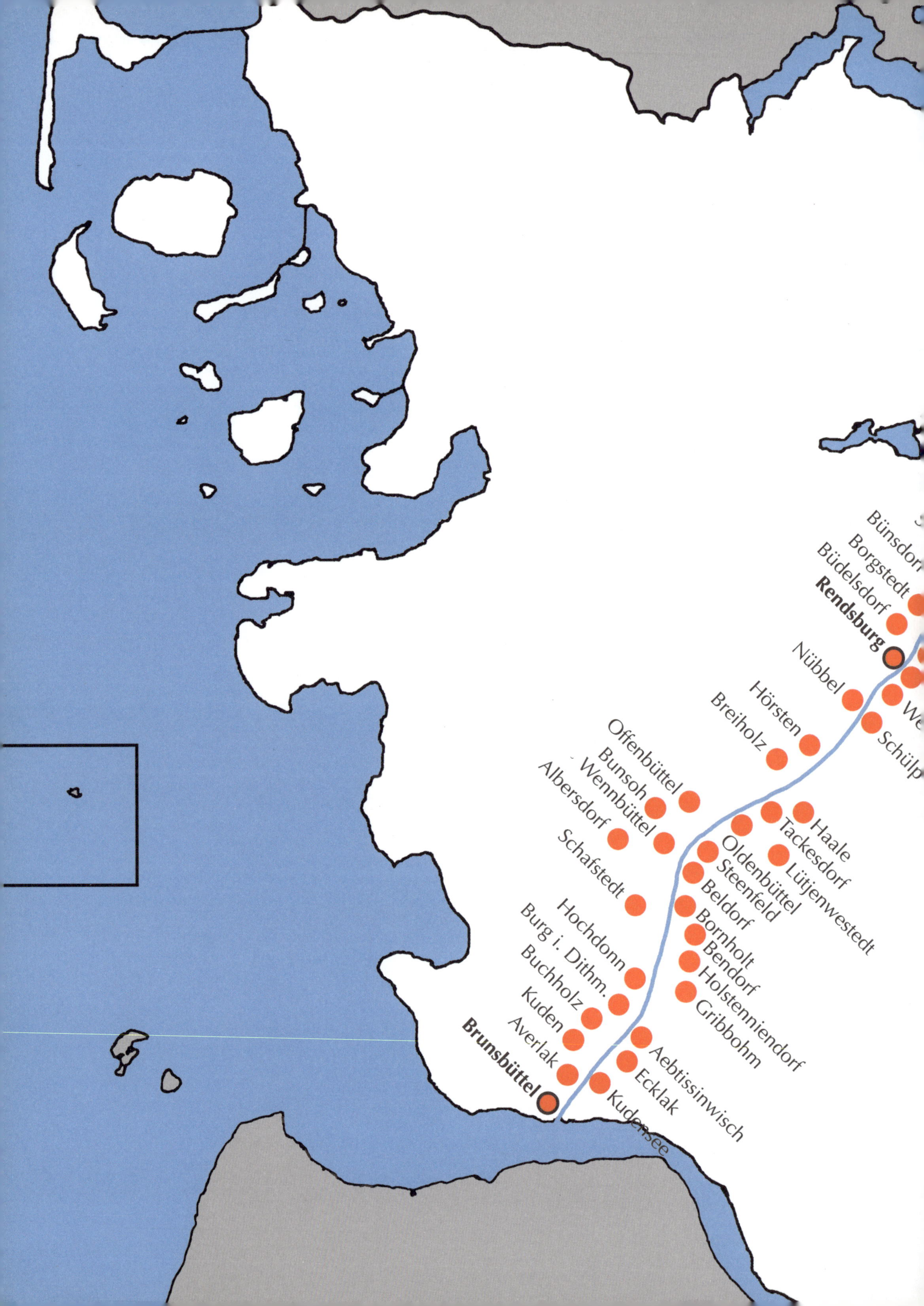
Borgstedt
Büdelsdorf
Rendsburg
Nübbel
Hörsten
Breiholz
Offenbüttel
Bunsoh
Wennbüttel
Albersdorf
Schafstedt
Hochdonn
Burg i. Dithm.
Buchholz
Kuden
Averlak
Brunsbüttel
Haale
Tackesdorf
Lütjenwestedt
Oldenbüttel
Steenfeld
Beldorf
Bornholt
Bendorf
Holstenniendorf
Gribbohm
Aebtissinwisch
Ecklak
Kudensee